''यह पुस्तक एक सीधे-सादे, समर्पित, धर्मनिरपेक्ष, स्वनिर्मित और स्वप्नदर्शी इनसान के संस्मरणों की कथा है जो एक स्तर पर बिलकुल बच्चों की तरह मासूम और भोला है। जब डॉ. कलाम को राष्ट्रपति बनाया गया तो इस पर कई लोग काफी हैरान थे लेकिन राष्ट्रपति के पद पर जो कार्य उन्होंने किये, उससे उनको जनता से भरपूर प्रशंसा और प्यार मिला और शायद इसीलिए आज भी इन्हें 'पीपल्स प्रेज़िडेन्ट' कहा जाता है। 'टर्निंग प्वॉइंट्स' दिल से लिखी गई है और पढ़ने में सरल और रोचक है। इसे पढ़कर यह बात समझ में आती है कि एक ईमानदार और चिन्तनशील राष्ट्रपति देश के लिए क्या कुछ कर सकता है!''

–द हिन्दू, 24 जुलाई 2012

''पूर्व राष्ट्रपति डॉ. ए.पी.जे. अब्दुल कलाम के संस्मरणों की रोचक पुस्तक 'टर्निंग प्वॉइंट्स' कुछ पक्षपाती मुद्दों को सामने लाती है। यह पुस्तक इस बात को सिद्ध करती है कि वास्तव में राष्ट्रपति का कितना महत्त्व है और राष्ट्रपति द्वारा लिए गये निर्णय राजनीतिक ही होते हैं। एक लोकप्रिय धारणा बनी हुई है कि डॉ. कलाम एक गैर-राजनीतिक राष्ट्रपति थे, यह पुस्तक इस धारणा को दूर करती है।

हमारे देश में राजनीतिक नेताओं की अपने संस्मरण लिखने की परंपरा नहीं है, इसलिए इस पुस्तक का विशेष स्वागत है। कुछ विवादास्पद तथ्यों पर सचाई सामने रखते हुए यह पुस्तक इस बात का प्रमाण है कि डॉ. कलाम के राष्ट्रपति पद का कार्यकाल एक महत्त्वपूर्ण विरासत है और यह देश की राजनीति और इतिहास को समझने का अवसर देती है।''

–इंडियन एक्सप्रेस, 2 जुलाई, 2012

टर्निंग प्वॉइंट्स

चुनौतियों-भरा एक सफ़र

ए.पी.जे. अब्दुल कलाम

राजपाल

अनुवाद
अशोक गुप्ता

ISBN : 9789350641002

प्रथम संस्करण : 2012, षष्ठम् आवृत्ति : 2016

TURNING POINTS by A.P.J. Abdul Kalam
(Hindi edition of *Turning Points*)

(Published in arrangement with HarperCollins Publishers India)
आवरण सौजन्य : अमृता चक्रवर्ती

राजपाल एण्ड सन्ज़
1590, मदरसा रोड, कश्मीरी गेट-दिल्ली-110006
फोनः 011-23869812, 23865483,
फैक्स : 011-23867791
website : www.rajpalpublishing.com
e-mail : sales@rajpalpublishing.com
www.facebook.com/rajpalandsons

क्रम

आमुख

मेरी पुस्तक *विंग्स ऑफ फायर* ने मेरे जीवन के 1992 तक के समय को सामने रखा था। यह पुस्तक 1999 में प्रकाशित हुई थी और पाठकों के बीच इसका भव्य स्वागत हुआ। इसकी दस लाख से ज्यादा प्रतियाँ बिकीं। इस से भी कहीं ज्यादा खुशी की बात यह है कि इस पुस्तक ने हज़ारों लोगों की सोच को एक नई राह दी और वे अपनी ज़िंदगी को बेहतर बना सके।

यह पुस्तक, *टर्निंग प्वॉइंट्स* लिखते समय मेरे मन में यह सवाल उठ रहा था कि मैं यह पुस्तक क्यों लिख रहा हूँ। कहा जा सकता है कि मेरी इस कहानी में बहुत-से भारतीय लोगों के जीवन-सरोकार, उनकी उत्सुकता तथा आकांक्षा की तस्वीर झलकती है। उन सब की तरह, मेरी ज़िंदगी की शुरुआत भी बहुत निचले स्तर से हुई थी। मैंने अपनी मेरी पहली नौकरी 'सीनियर साइंटिफिक असिस्टेंट' के तौर पर शुरू की। धीरे-धीरे, मुझे बड़ी ज़िम्मेदारियां मिलती गईं और अंततः एक दिन मैंने भारत के राष्ट्रपति का कार्यभार संभाल लिया। निश्चित रूप से, उसके बाद के एक दशक में ऐसा बहुत कुछ हुआ जो बताया जाना बाकी है। कहा जा सकता है कि वह एक गहरे अनुभव का प्रसंग है।

खैर, मेरे लिये इस पुस्तक, *टर्निंग प्वॉइंट्स* को लिखने के कारण ज़रा अलग हैं। मेरी पहली पुस्तक *विंग्स ऑफ फायर* ने

जो उत्साहजनक असर दिखाया उस से मुझे लगा कि अगर उसी तरह यह पुस्तक भी कुछ लोगों को लाभ पहुंचा सके, तो इसका लिखना सार्थक हो जाएगा। सच पूछा जाए, तो अगर यह पुस्तक केवल एक व्यक्ति या केवल एक परिवार की ज़िंदगी को भी बदल कर बेहतर कर सकेगी, तो मुझे संतोष होगा। इस आशा के साथ प्रिय पाठक, यह पुस्तक आपके सामने प्रस्तुत है।

30 मई, 2012 **–ए. पी. जे. अब्दुल कलाम**

नई दिल्ली

आभार

प्रिय मित्रो, अपनी अस्सी बरस की उम्र तक पहुंचते, मैंने अपनी यह इक्कीसवीं पुस्तक, *टर्निंग प्वॉइंट्स* पूरी की है। इसकी शुरुआत ऐसे हुई : एक सुबह मैं अपने नई दिल्ली के आवास 10, राजाजी मार्ग पर, अपने सचिव शेरिडोन के साथ बैठा अपनी पुरानी डायरियां देख रहा था, तभी मैंने देखा कि उनमें सात ऐसे चुनौती भरे मोड़ देखे जा सकते हैं, जिन्होंने मेरी ज़िंदगी को कामयाबी की राह दिखाई। अगर राष्ट्रपति का पद छोड़ने के बाद का समय भी जोड़ें, तो आप इसे आठवाँ मोड़ भी गिन सकते हैं।

मैं उन लोगों के प्रति अपना आभार प्रकट करता हूँ जिन्होंने प्यार और अपनेपन से मेरी ज़िंदगी को अब तक भरपूर रखा। इसी तरह मैं उनका भी शुक्रगुज़ार हूँ जिन्होंने अपनी खुशियों और मुश्किलों को मुझसे साझा किया। मैं इस कृतज्ञता ज्ञापन में अपने अनगिनत पाठकों को भी शामिल करना चाहता हूँ। मेरी दो पुस्तकों ने मुझे दस लाख से ज़्यादा पाठक दिए, और दूसरी पांच पुस्तकें एक लाख पाठकों तक पहुंचीं। मैं विशेष रूप से मेजर जनरल आर. स्वामीनाथन का हृदय से धन्यवाद व्यक्त करता हूँ। वह मेरे साथ, मेरे जीवन के हर सफल और कुछ असफल दौर में भी, तीस साल से ज्यादा समय तक साथ रहे। वह मेरे दोस्त, गुरु और मार्गदर्शक सब कुछ हैं। मेरी इस पुस्तक *टर्निंग प्वॉइंट्स*

के तैयार होने में इनका बड़ा योगदान यह रहा कि इन्होंने इसके सभी ब्यौरों की बहुत बारीकी से जांच की और अपनी तसल्ली के बाद ही पुस्तक में आने दिया।

इस पुस्तक की पांडुलिपि बिना धनश्याम शर्मा तथा विशाल रस्तोगी के अथक प्रयास के पूरी नहीं हो सकती थी। मैं नारायणमूर्ति और वी. पोनराज द्वारा दिए गये सुझावों को भी महत्त्वपूर्ण मानता हूँ। मैं हार्परकॉलिंस के कृशन चोपड़ा का, उनके सार्थक योगदान के लिये आभार प्रकट करता हूँ। उन्होंने मेरी अंग्रेज़ी पांडुलिपि को सुगठित करने और उसके संपादन में जो काम किया, वह प्रशंसनीय है। मैं राजिंदर गंजू को भी धन्यवाद देता हूँ, उन्होंने जितने कम समय में पूरी पांडुलिपि को फिर से टाइप किया, वह प्रशंसनीय है। उसके बाद ही पुस्तक प्रेस में जा सकी।

1

मैं भारत का गीत कब गा सकता हूँ?

प्रकृति को प्यार करो और उसके आशीष का सम्मान करो
तभी तुम देवत्व को देख पाओगे

वह जुलाई 2007 की 24 तारीख थी और मेरे राष्ट्रपति पद पर होने का अंतिम दिन। बहुत-से काम किये जाने थे। सुबह मैं अपने निजी कामों में व्यस्त रहा। बाद में दोपहर 3.25 बजे से टेलिविजन चैनल सी.एन.एन. आई.बी.एन. (CNN-IBN) के राजदीप सरदेसाई और दिलीप वेंकटरामन से संक्षिप्त बातचीत, उसके बाद छत्तीसगढ़ के राज्यपाल ई. एस. एल. नरसिंहन के साथ भेंट का कार्यक्रम था। उसके बाद मुझे उत्तराखंड के स्वास्थ्य, जनकल्याण, विज्ञान और टेक्नोलॉजी मंत्री डॉ. रमेश पोखरियाल 'निशंक' से मिलना था। मुझे हिन्दू कॉलेज, दिल्ली की छात्रा करिश्मा थंकप्पन से भी मिलना था जो अपने माता-पिता और पांच साथियों के साथ आ रही थीं। शाम चार बजे विदेश मंत्रालय के शिष्टाचार प्रमुख सुनील लाल, उनकी पत्नी गीतांजलि और बेटी निकिता से भेंट करनी थी। इसी तरह कई तरह की विदाई भेंटों का कार्यक्रम रात आठ बजे तक चलता रहा। उसके बाद नवनिर्वाचित राष्ट्रपति, उप-राष्ट्रपति, प्रधानमंत्री और उनके मंत्रिमंडल को मैंने रात्रि-भोज पर आमंत्रित कर रखा था।

विदाई के समय की मुलाकातों, मीटिंग और मित्रों से बातचीत के दौरान मेरा थोड़ा निजी सामान दो सूटकेसों में रख लिया गया। यह मैंने पहले ही कह दिया था कि बस इतना कुल ही मैं अपने साथ ले जाऊँगा। बहुत कुछ वह ही था जो लोगों के दिमाग में था लेकिन कहा नहीं गया था। जो कोई

भी मुझसे मिला या जिसकी भी बात मुझसे हुई, उसके मन में बस एक ही प्रश्न था, 'मैं अब क्या करूँगा? क्या मैंने कुछ सोच रखा है? क्या मैं फिर से अध्यापन के काम में लौट जाऊँगा? या अब मैं सक्रिय जन-जीवन से मुक्त हो जाऊँगा?' जो लोग मुझे जानते हैं वह समझ सकते हैं कि यह सक्रिय जीवन से मुक्त हो जाने वाली संभावना मेरे साथ बेमानी है। तब तक, राष्ट्रपति भवन में बिताये पांच बरस मेरे मन में एकदम ताज़े थे। पास बुलाते फूलों से सजा मुग़ल गार्डन, जहाँ उस्ताद बिस्मिल्ला खां ने अंतिम बार शहनाई वादन किया और दूसरे संगीतकारों ने अपना हुनर दिखाया, हर्बल गार्डन की सुगंध, नाचते हुए मोर, और चुस्त मुस्तैद संतरी, जो कटकटाती सर्दी और जानलेवा गर्मी में भी अपने काम पर डटे रहे– यह सब कुछ मेरी ज़िंदगी का हिस्सा बन गया था। इन पांच सालों में यह कितना अद्भुत अनुभव रहा!

जीवन के अलग-अलग क्षेत्र से जुड़े लोगों ने अपने वह विचार मुझ तक पहुंचाए जिनसे देश का विकास संभव है। उनमें मुझे यह बताने की एक होड़-सी दिखी कि कैसे उनके छोटे-से कदम ने अपना योगदान दिया। हर स्तर पर राजनेताओं ने अपना दृष्टिकोण मेरे सामने रखा कि कैसे वह अपने संसदीय क्षेत्र का विकास कर सकते हैं। वैज्ञानिकों ने तत्काल सुधार के मुद्दों पर काम करने की अपनी बेताबी दिखाई। लेखकों और कलाकारों ने भावपूर्ण ढंग से भारत के प्रति अपना प्रेम व्यक्त किया। धार्मिक मार्गदर्शकों ने एक मंच पर आ कर आध्यात्मिक चेतना और वैचारिक साम्य के विषय में अपनी बात कही। अलग-अलग क्षेत्र के विशेषज्ञों ने अपने विचार बताए कि समाज में ज्ञान का विस्तार कैसे किया जा सकता है। न्याय और कानून के जानकार लोग अक्सर ताज़ा सन्दर्भ में अपनी राय देते रहे, कि कैसे सभी नागरिकों के लिये समरूप व्यवस्था हो, सुस्त चल रहे मुकदमों को तेज़ी से कैसे निपटाया जाए और फुर्तीली इलेक्ट्रॉनिक न्यायिक पद्धति (ई-जुडीशियरी) अपनाई जाए। अनिवासी भारतीय (एन.आर.आई.) जब भी मुझे मिले, उन्होंने अपनी मातृभूमि के सुधार और विकास में अपना योगदान देने की अपनी इच्छा प्रकट की।

देश के विभिन्न भागों में, जहाँ भी मैं गया मुझे अद्भुत अनुभव मिला। मुझे लोगों की अभिलाषा का पता चला, मैं जान पाया कि बहुत लोगों ने अच्छे-अच्छे काम किये हैं, और सबसे बड़ी बात, कि मुझे अपने देश की युवा शक्ति का पता चला।

मेरी बातचीत बड़े विस्तार से चिकित्सा क्षेत्र से जुड़े लोगों से भी हुई। उनमें कुछ लोग गाँव में बसे नागरिकों को किफायती खर्च में इलाज की सुविधा दे पाने की कोशिश में लगे थे, कुछ लोग शोध कार्य कर रहे थे तो कुछ दूसरे लोग अलग-अलग तरह के विकलांग लोगों की ज़िंदगी आसान करने का काम कर रहे थे। बुज़ुर्ग लोगों की देखभाल का काम कुछ लोगों के हाथ में था और कुछ ने स्वास्थ्य के सन्दर्भ में, इलाज के बदले बचाव की नीति को सन्देश की तरह प्रचारित करने का काम लिया था ताकि लोगों के व्यवहार-शिल्प में यह बदलाव आये। मुझे भारत में या बाहर विदेश में, जहाँ भी नर्सें मिलीं, उन्होंने स्वेच्छा से, गाँवों में बहुत अच्छे स्तर के स्वास्थ्य केन्द्र बनाने के काम के लिये अपनी सेवाएं पेश कीं।

मेरा मिलना किसानों से भी हुआ, खास तौर से, कपास की खेती में लगे मुश्किल में आये किसानों से भी मेरी बातचीत हुई। इस से मुझे उनकी कठिनाइयों और चुनौतियों को समझने का मौका मिला। इस अनुभव से मेरी जानकारी में विस्तार हुआ और मैं कृषि वैज्ञानिकों तक अपने विचार पहुंचा पाया।

डाकियों से बातचीत के दौरान मेरे मन में एक नया विचार कौंधा, कि डाक विभाग समाज में ज्ञान और सूचना के विस्तार में अपनी सार्थक भूमिका निभा सकता है। इस व्यवस्था में डाकियों को गाँवों में ज्ञान अधिकारी बना कर भेजा जा सकता है।

मुझे पुलिस में काम करने वाले लोग मिले। उन्होंने मुझे पुलिस व्यवस्था में सुधार के बारे में अपनी राय दी। मुझे बताया कि पुलिस स्टेशन की ढांचागत संरचना में क्या बदलाव लाया जाना चाहिए और पुलिस के कामकाज में सूचना तंत्र टेक्नोलॉजी का उपयोग होना चाहिए। इस सुयोग के आधार पर मैं उस विभाग को बता पाया कि पुलिस व्यवस्था में क्या-क्या सुधार हो सकते हैं।

पंचायत के मुखिया, विशेष रूप से महिला मुखिया प्रतिनिधियों से मुझे ग्राम सुधार से संबंधित उनके कार्यक्रमों और योजनाओं के बारे में पता चला। मैंने गाँव में उनकी बाधाओं के बारे में भी जानकारी पाई।

जब भी मेरी मुलाक़ात अध्यापकों से हुई, उन्होंने मुझे विश्वास दिलाया कि उनका लक्ष्य युवाओं को राष्ट्र के निर्माण के लिये तैयार करना है। उन्होंने कहा कि वह युवाओं में उन मूल्यों के संचार के काम में लगे रहेंगे, जिनसे वह एक जागरूक नागरिक बन सकें।

इन समृद्ध अनुभवों से उस प्रतिबद्धता का स्वरूप तैयार हुआ जिसके आधार पर समाज के हर वर्ग के लिये, चाहे वे बच्चे हों, माता-पिता, अध्यापक, नौकरीपेशा लोग, सेनानी, प्रशासक, वकील, डॉक्टर, नर्स और अन्य सभी, उनकी कार्यवाही तय की गई। इस प्रतिबद्धता का संचालन, किसी भी वर्ग से होने वाले व्यवहार का सहज हिस्सा बन गया। आम तौर पर, इस प्रतिबद्धता सूत्र में समाज के उस वर्ग के काम से जुड़े पांच, सात या दस वाक्य रखे गये। प्रायः इनके संचालन के समय लोगों की बहुत भीड़ इकठ्ठा हुई और इन प्रतिबद्धता वाक्यों के सामूहिक पाठ ने समूचे जनसमुदाय को एक लक्ष्य के साथ मंच पर एकजुट कर दिया जिसका सन्देश यह गया कि वे लोग आजीवन इस प्रतिबद्धता का निर्वाह करेंगे।

जिस बात ने मुझे अपने राष्ट्रपति होने के दौरान बराबर हैरत में डाले रखा, वह थी उन चिट्ठियों, ई-मेल तथा दूसरे पत्रों की तादाद, जो हर रोज़ मेरे पास पहुंचते थे। यह पत्र बच्चों, युवाओं और वयस्कों, अध्यापकों, वैज्ञानिकों या कहें सभी वर्ग के लोगों द्वारा भेजे जाते थे। विश्वास नहीं होता, हज़ारों खत—हर रोज़। यह संभव नहीं था कि हर पत्र का जवाब दिया जाए या उसमें बताई गई कठिनाई का हल दिया जाए, लेकिन हम अपनी ऐसा करने की कोशिश में नहीं चूके। कई मामलों में हमने ये पत्र संबंधित विभाग को अगली कार्यवाही के लिये भेज दिये। अगर वह बीमारी या इलाज से संबंधित हुए तो हमने उपयुक्त अस्पताल की जानकारी भिजवाई। कई बार हमने खुद ही सुझाव और परामर्श दिये। यहाँ तक कि कई बार हमारी ओर से कुछ आर्थिक सहायता भी भेजी गयी। यह हैरत की बात थी कि तमाम गरीबी, तकलीफ और पीड़ा से घिरे होने के बावजूद देशवासियों में आशा, विश्वास और उम्मीद की रोशनी भरपूर है। एक पत्र जिसने मुझे हिला कर रख दिया, वह एक छोटी लड़की ने भेजा था। उसका परिवार घोर विपत्तियों से जूझ रहा था। उस लड़की के मर्मस्पर्शी पत्र में मुझे ऐसे भावात्मक आवेश का एहसास हुआ जो स्थितियों को अनुकूल दिशा में बदल सकता है। हमने वह पत्र किसी ऐसे को भेज दिया जो शायद इस मामले में आशातीत मदद कर सकता था।

'मेरा परिवार कठिनाई में है। परिवार के साथ यह मुश्किलें पिछले तेईस सालों से जारी हैं। हमारे परिवार की याद में एक भी दिन ऐसा नहीं है जिसमें कोई खुशी का पल जुड़ा हो। मैं पढ़ाई में अच्छी चल रही थी। पांचवीं की

परीक्षा में मैंने अपने सेंटर से पहला स्थान पाया था। मैं एक डॉक्टर बनना चाहती थी। लेकिन उसके बाद मैंने कभी पहला स्थान नहीं पाया, मैं हमेशा दूसरे या तीसरे नंबर पर आती रही। बी. ए. में मुझे केवल 50 प्रतिशत अंक मिले। मैं डॉक्टरी की पढ़ाई में नहीं जा सकी क्योंकि मैं हमेशा तनाव की स्थिति में रहती हूँ। मैं पिछले चौदह सालों से तनाव की हालत में हूँ...'

ऐसे बहुत-से पत्र आते थे। उनमें जो निश्छल ईमानदारी और राष्ट्रपति के कार्यालय की क्षमता के प्रति आस्था दिखती थी, वह रोमांचित करने वाली थी।

इसके ठीक उलट, बहुत-से संस्थानों की ओर से ऐसे पत्र भी आते थे : 'मान्यवर राष्ट्रपति महोदय कलाम साहब, हम उच्चस्तरीय नैनो टेक्नोलॉजी (या ऐसा ही कोई गूढ़ विषय, जैसे बायो-डायवर्सिटी, कार्बन यौगिकी, रॉकेट प्रणोदन, हृदय शल्यचिकित्सा, फैलने वाली बीमारियाँ, न्यायालयों में लंबित मुकदमों को जल्दी निपटाने की रणनीति या ई-गवर्नेंस) पर एक अधिवेशन आयोजित कर रहे हैं और हम चाहते हैं कि इस अवसर पर आप अपना महत्त्वपूर्ण वक्तव्य दें...' दरअसल ऐसे पत्रों के उत्तर देना आसान था। केवल कार्यक्रम की तारीख और विषय पर मेरे ज्ञान की बात थी। यह दोनों ही स्थितियां, एक ऐसी लड़की की हालत जो अपनी ज़िंदगी को बेहतर बनाने के लिये अवसर खोज रही है, और ऐसे अधिवेशन जो चमत्कारपूर्ण टेक्नोलॉजी की राह खोज रहे हैं, दो ऐसे सन्दर्भों के सच हैं, जिन्हें भारत-2020 में जगह देने की ज़रूरत है।

इन्हीं विचारों को मन में रखते हुए मैंने अपने-आप से पूछा कि मुझे आगे क्या करना चाहिए। मुझे क्या सिर्फ अपने संस्मरण लिख कर परे हो जाना चाहिए, या कुछ और भी है जो मैं कर सकता हूँ ? यह निर्णय लेना आसान नहीं था। जिस एक घटना ने मेरे इस काम को आसान कर दिया, वह थी, अपने विदाई समारोह में राष्ट्र को दिए जाने वाले मेरे सन्देश की तैयारी।

मैंने तय किया कि मैं अपने भाषण में देश के नागरिकों का धन्यवाद करते हुए, उनसे देश के विकास का वह नक्शा साझा करूँगा जो मैंने उन्हीं के साथ रह कर इन पांच वर्षों में बनाया है।

सारांशतः, मैंने कहा : प्रिय देशवासियो, हमें यह प्रण लेना है कि हम ऐसे राष्ट्र के निर्माण के हित में काम करेंगे जिसमें समृद्धि हो, स्वस्थ नागरिक

हों, सुरक्षा हो, खुशहाल शांतिपूर्ण और संजो कर रखी जा सकने वाली प्रगति का निर्बाध रास्ता हो। जहाँ गाँव और शहरों की खुशहाली में कम से कम अन्तर हो। और जहाँ प्रशासन-प्रबंधन संवेदनशील, पारदर्शी तथा भ्रष्टाचार-मुक्त हों।—कुछ और मुद्दे भी हैं, जिन्हें मैंने विकसित भारत की संकल्पना में दस सूत्रीय रूप दिया है। मैं उनका वर्णन इस पुस्तक में आगे करूँगा।

इसी सन्दर्भ से मुझे अपने जीवन का लक्ष्य फिर याद आता है। विकास के दस खम्भों के सहारे देश के एक अरब दिल और दिमागों को अपने ऐसे समाज से जोड़ कर रखना जिसमें बहुल संस्कृति का परिवेश है। साथ ही नागरिकों में ऐसा आत्मविश्वास पैदा करना कि वह 'हम कर सकते हैं' जैसी मनःस्थिति में बने रहें। प्रिय नागरिको, मैं भारत को 2020 तक विकसित देश बना देने के अपने महान लक्ष्य को लेकर हमेशा आप के साथ रहूँगा।

ये कुछ ऐसी घटनाएं हैं जिन्होंने मेरी सोच को रोशन किया है, जिनसे मेरे होंठों पर मुस्कान आई है और जिन्होंने मुझे अपने देशवासियों से प्रेम करना और उनसे जुड़ना सिखाया है।

2

अन्ना विश्वविद्यालय में मेरा नौवां भाषण

इस पृथ्वी पर, ऊपर आकाश में और धरती के नीचे भी,
इन सबमें, सबसे सशक्त संसाधन, सक्रिय सचेत
युवा मस्तिष्क है

जामुन के पेड़ पर एक पीली चिड़िया अपनी तान छेड़ती है और मेरा सुबह का घूमना आनंदमय हो जाता है। मेरी नज़रें धनेश पक्षी के जोड़े को खोजती हैं, जो कभी-कभी मेरे बगीचे में फुदकता दिखता है। राष्ट्रपति भवन के बाद मेरा निवास 10, राजाजी मार्ग पर है। मुझे बताया गया कि किसी समय यहाँ दिल्ली के शिल्पकार, एडविन लुटियन रहा करते थे। समय हवा की तरह भागता है, और मुझे अध्यापन और शोध के सिलसिले में देश-विदेश में व्यस्त रखता है। मैं युवाओं के चेहरे पर उत्साह-भरा दमखम देखता हूँ और क्लास रूम भी मुझे ऊर्जा देता है।

पिछले कुछ सालों ने मुझे भरोसा दिलाया है कि लोगों में विकसित भारत का सपना सच होते देखने की गहरी ललक है और वह इसके लिये भरसक सब कुछ देने के लिये तैयार हैं। जब मैं ठहर कर अपने राष्ट्रपति होने के दिनों को सोचता हूँ, कुछ महत्त्वपूर्ण घटनाएं मुझे याद आती हैं। उन विविध लक्षणों वाली घटनाओं में मुझे अपने विविधतापूर्ण देश के दर्शन होते हैं, जिसका अतीत गौरवशाली रहा है और जिसके सामने अब चुनौती-भरा भविष्य है। लेकिन एक बात निश्चित है कि भारत 2020 तक एक विकसित देश बन जाएगा।

~

अन्ना यूनिवर्सिटी के खुशनुमा माहौल में, जहाँ मैं दिसंबर 2001 से अध्यापन कर रहा था, 10 जून, 2002 की सुबह हमेशा की तरह गुलज़ार थी। मैं वहां के विशाल और शांतिमय परिवेश में, शोध कर रहे जिज्ञासु छात्रों को पढ़ाने में और अन्य प्रोफ़ेसरों के साथ अपना समय सुख से बिता रहा था। कायदे से तो मेरी क्लास में बस साठ बच्चे थे लेकिन मेरे लेक्चर के दौरान मेरे क्लास रूम में कभी भी 350 से कम बच्चे नहीं देखे गये। इस पर किसी तरह का नियंत्रण लगाने का कोई उपाय नहीं था। मेरा मकसद हमेशा छात्रों की अपेक्षा समझना रहता था। वह मेरे उन अनुभवों को जानना चाहते थे जो मैंने कई राष्ट्रीय कार्यक्रमों के दौरान पाये हैं। मैंने उन अनुभवों से टेक्नोलॉजी के उपयोग से सामाजिक परिवर्तन लाने वाला एक विशेष कोर्स विकसित किया था जो स्नातकोत्तर (पोस्ट ग्रेजुएट) छात्रों को दस सत्रों में सक्षम बनाता था।

राष्ट्रीय लक्ष्य से मेरा क्या तात्पर्य है? यहाँ मेरा इशारा 'स्पेस लॉन्च वेहिकल' (एसएलवी-3), 'इंटीग्रेटेड गाइडेड मिसाइल डिवेलपमेंट प्रोग्राम' (आई.जी.एम.डी.पी.), 1998 के परमाणु परीक्षणों तथा 'भारत-2020' की रिपोर्ट की ओर था जिसे 'टेक्नोलॉजी इन्फॉर्मेशन, फोरकास्टिंग एंड एसेस्मेंट कौंसिल' (टी.आई.एफ.ए.सी.) ने बनाया था। शुरू से अंत तक, इन लक्ष्यों का बाकायदा जांच सकने योग्य असर भारत के विकास के लक्ष्य तय करने और उन्हें हासिल करने के रास्ते पर पड़ा था। एसएलवी-3 इसलिए बनाया गया था ताकि किसी देशज सैटेलाईट के ज़रिये चालीस किलोग्राम वज़न के रोहिणी उपग्रह को पृथ्वी की नज़दीकी कक्षा में पहुंचाया जा सके। इस उपग्रह को आइनोस्फेरिक अनुमापन करने के लिये बनाया गया था। आई.जी.एम.डी.पी. को राष्ट्रीय सुरक्षा के लिये 'फ़ोर्स मल्टीप्लायर मिसाइल सिस्टम' की ज़रूरत पर तैयार किया गया था। यह एक सामरिक महत्त्व की युद्ध रणनीति की मांग थी। अग्नि-5 मिसाइल इस क्रम में एक ताज़ा सफलता है। परमाणु परीक्षण 1998 में 11 और 13 मई को किये गये थे। इन परीक्षणों के बाद भारत परमाणु हथियारों से लैस देश बन गया था। टी.आई.एफ.ए.सी. ने वह राह बनाई थी जिसके ज़रिये भारत-2020 तक आर्थिक रूप से विकसित राष्ट्र बन जाएगा।

मेरे नौवें लेक्चर का विषय था, 'संकल्पना से लक्ष्य तक'। उसमें बहुत-सी विचारणीय बातें शामिल थीं। लेक्चर के पूरा होने पर मुझे बहुत-से पूछे गये प्रश्नों का उत्तर देना पड़ा। इस से मेरा एक घंटे का सत्र जा कर दो घंटे में पूरा हुआ। लेक्चर के बाद मैं हमेशा की तरह अपने दफ्तर में वापस आ गया और मैंने बहुत-से छात्रों के साथ दोपहर का भोजन किया। मेरे रसोइये प्रसंगम ने मधुर मुस्कान के साथ स्वादिष्ट खाना खिलाया। खाने के बाद मैंने अपनी अगली क्लास की तैयारी पूरी की और शाम को मैं अपने कमरे में वापस आ गया।

वापस लौटते समय अन्ना यूनिवर्सिटी के उप कुलपति प्रोफ़ेसर ए. कलानिधि मेरे साथ हो लिये। उन्होंने बताया कि मेरे ऑफिस में मेरे लिये दिन-भर टेलीफोन आते रहे। कोई बहुत उत्तेजित भाव में, मुझसे बात करने की कोशिश कर रहा था। मैं जैसे ही अपने कमरे में पहुंचा, फोन फिर बजने लगा। मेरे फोन उठाने पर दूसरी तरफ से सन्देश आया, "प्रधानमंत्री आप से बात करना चाहते हैं।" इससे पहले कि मैं प्रधानमंत्री से जुड़ पाता, मेरे निजी मोबाइल पर आंध्र प्रदेश के मुख्यमंत्री चंद्रबाबू नायडू का फोन आ गया। उन्होंने बताया कि मेरे पास किसी भी क्षण प्रधानमंत्री का फोन आ सकता है। आगे उन्होंने मुझे राय दी कि मैं इनकार न करूँ।

मैं चंद्रबाबू नायडू से बात कर ही रहा था कि अटल बिहारी वाजपेयी जी का फोन आ गया। उन्होंने पूछा, "कलाम, तुम्हारा अध्यापन कैसा चल रहा है?"

"बहुत अच्छा!" मैंने जवाब दिया।

वाजपेयी जी ने अपनी बात जारी रखी, "हमारे पास तुम्हारे लिये एक बहुत महत्त्वपूर्ण खबर है। मैं अभी एक विशेष मीटिंग से आ रहा हूँ, जिसमें गठबंधन के सभी दलों के नेता शामिल थे। हम सब ने एकमत हो कर तय किया है कि देश को तुम्हारी राष्ट्रपति के रूप में ज़रूरत है। मैं यह घोषणा आज रात को ही कर रहा हूँ। मैं तुम्हारी सहमति लेना चाहता हूँ और मैं चाहता हूँ कि तुम 'हां' ही कहो, 'ना' नहीं। यहाँ यह बताया जा सकता है कि वाजपेयी जी 'नेशनल डेमोक्रेटिक एलाएंस' (एन.डी.ए.) के नेता थे जो करीब दो दर्जन विभिन्न दलों की गठबंधन पार्टी थी। ऐसे में एकमत निर्विरोध निर्णय होना कोई आसान बात नहीं थी।

कमरे में पहुँचने के बाद मुझे चैन से बैठने का भी वक्त नहीं मिला था। भविष्य की अलग-अलग तस्वीरें मेरे आगे घूम रही थीं। एक में मेरे चारों ओर छात्रों और प्राध्यापकों का घेरा था और दूसरे में यह, कि मैं पार्लियामेंट में राष्ट्र के लिये कोई सपना ले कर अपनी बात कह रहा हूँ। मेरे दिमाग में एक निर्णयात्मक चक्कर चलने लगा था। मैंने कहा, 'वाजपेयी जी (मैं उन्हें हमेशा यही संबोधन देता हूँ), क्या आप मुझे तय करने के लिये दो घंटे का समय दे सकते हैं? यह भी ज़रूरी है कि राष्ट्रपति पद के लिये मेरे नामांकन पर सभी राजनीतिक दलों की सहमति हो।'

वाजपेयी जी ने कहा, 'तुम्हारी सहमति के बाद हम उन सब की सहमति पर भी काम करेंगे।'

अगले दो घंटों में मैंने कोई तीस फोन अपने घनिष्ठ मित्रों को किये होंगे। उनमें कुछ प्राध्यापक थे, कुछ सिविल सेवा अधिकारी और कुछ वे भी जो राजनीतिक क्षेत्र में काम कर रहे थे। एक राय यह आई कि मैं अध्यापन के क्षेत्र में रमा हुआ हूँ और पढ़ाना मेरा प्यार, मेरा जुनून भी है, तो फिर मुझे खुद को भटकाना नहीं चाहिए। एक दूसरा मशविरा यह मिला कि यह मेरे लिये एक मौका है जो मैं अपने भारत-2020 के सपने को राष्ट्र की संसद के सामने रख सकता हूँ, इसलिए मुझे इस अवसर को खोना नहीं चाहिए। ठीक दो घंटे बाद मैंने प्रधानमंत्री को फोन लगाया। मैंने कहा, 'वाजपेयी जी, मैं इसे एक महत्त्वपूर्ण संकल्प की तरह स्वीकार करता हूँ, लेकिन मैं एक सर्वदलीय प्रत्याशी की तरह सामने आना चाहूँगा।'

उन्होंने कहा, 'ठीक है, हम इसके लिये ही कदम बढ़ाएंगे।'

यह खबर तेज़ी से फैली। पन्द्रह मिनट के अंदर राष्ट्रपति पद के प्रत्याशी के रूप में मेरे चयन का समाचार सारे देश को पता चल गया। तत्काल ही, लगातार फोन आने लगे। मेरी सुरक्षा बढ़ा दी गयी और बहुत-से लोग मेरे कमरे में आ पहुंचे।

उसी दिन, वाजपेयी जी ने प्रत्याशी के उनके चयन के बारे में श्रीमती सोनिया गाँधी से बात की, जो विपक्ष की नेता थीं। जब श्रीमती सोनिया गाँधी ने पूछा कि क्या एन.डी.ए. का इस बारे में फैसला हो चुका है, तो प्रधानमंत्री ने सकारात्मक उत्तर दिया। उसके बाद, अपने दल के सदस्यों और गठबंधन के सहयोगियों के साथ विचार-विमर्श के बाद श्रीमती गांधी ने 17 जून, 2002

को यह घोषित किया कि इंडियन नेशनल कांग्रेस मेरे नामांकन के पक्ष में मत देगी। अगर मुझे वामपंथी दलों का भी समर्थन मिलता तो मुझे अच्छा लगता, लेकिन उन्होंने तय किया कि वह अपना प्रत्याशी अलग से उतारेंगे। जैसे ही मैंने राष्ट्रपति पद का उम्मीदवार बनना स्वीकार किया, मेरे बारे में भारी संख्या में आलेख लिखे जाने लगे। मीडिया ने भी बहुत-से सवाल खड़े किये। सबका सार यह जिज्ञासा थी कि कोई गैरराजनीतिक व्यक्ति, वह भी एक वैज्ञानिक, कैसे राष्ट्रपति बन सकता है?

~

18 जून को, राष्ट्रपति पद के लिये मेरा नामांकन-पत्र भर दिए जाने के बाद, मेरी पहली प्रेस कॉन्फ्रेंस में पत्रकारों ने मुझसे बहुत-से सवाल गुजरात के बारे में पूछे (उस समय राज्य दंगों के दौर से गुज़र चुका था और यह सवाल था कि उनसे कैसे निपटा गया) अयोध्या के बारे में सवाल हुए (रामजन्म भूमि का मुद्दा तो हमेशा ही खबरों में रहता है) परमाणु परीक्षणों के बारे में पूछा गया और यह, कि राष्ट्रपति भवन पहुँचने के बाद मेरी क्या योजनाएं हैं। मैंने बताया कि भारत को एक संवेदनशील और शिक्षित राजनीतिक वर्ग की ज़रूरत है जो निर्णायक प्रसंगों में आधारशिला की भूमिका में आ सकें। अयोध्या के मामले में मैंने कहा कि इस स्थिति में शिक्षा संस्कार और आर्थिक स्थिरता के साथ-साथ इस बात की भी ज़रूरत थी कि लोगों के मन में मानव-मात्र के प्रति सम्मान का भाव हो। आर्थिक विकास के साथ सामाजिक भेदभाव कम होता जाएगा। मैंने अपनी यह प्रतिबद्धता भी व्यक्त की कि मैं राष्ट्रपति भवन की शानो-शौकत के आगे अपने जीवन की सादगी बनाए रखूँगा। राष्ट्रपति के रूप में, जटिल प्रसंगों के आने पर मैं देश के प्रमुख संविधान विशेषज्ञों से विमर्श करूँगा। राष्ट्रपति शासन लगाये जाने के निर्णय ऐसे मुद्दों पर मैं इस बात को प्रमुखता दूँगा कि लोगों के लिये क्या हितकर है, न कि इस पर कि कुछ लोगों की क्या मर्ज़ी है।

जब मैं चेन्नई से दिल्ली अपने एशियाड-विलेज स्थित फ्लैट में पहुंचा तो वहां तैयारियां ज़ोरों से चल रही थीं। भारतीय जनता पार्टी के प्रमोद महाजन मेरे चुनाव एजेंट थे। मैंने अपने फ्लैट में ही एक कैम्प ऑफिस बना लिया। वह कोई बड़ा फ्लैट नहीं था लेकिन कुछ सहूलियतें थीं। मैंने एक आगंतुक

कक्ष (विज़िटर्स रूम) बनाया और सम्मेलन कक्ष को ठीक-ठाक किया गया। बाद में एक इलेक्ट्रॉनिक कैम्प ऑफिस भी बनाया गया। उसके बाद सारे आँकड़े उसी के माध्यम से भेजे गये। एक पत्र लोकसभा और राज्यसभा के सांसदों के लिये तैयार किया गया, जिनकी संख्या करीब आठ सौ थी। इस पत्र में मेरा राष्ट्रपति के रूप में दृष्टिकोण देते हुए यह अपील की गयी कि वह मुझे वोट दें। प्रमोद महाजन की राय के अनुसार यह तय किया गया कि मैं यह पत्र प्रत्येक राज्य के मतदाताओं को, बिना उनसे आमने-सामने मिलने की कठिनाई उठाए, भेज दूँ। यह व्यवस्था कामयाब हुई और मैं 18 जुलाई को भारी मतों से विजयी घोषित हो गया।

उसके बाद आने वालों से मिलने का सिलसिला शुरू हो गया, जो सारे दिन चलता रहा। इसी क्रम में मीडिया से इंटरव्यू हुए, मेरा पत्राचार और यात्राएं तो होती ही रहीं। मुझे बच्चों से मिलना, बात करना बहुत मन भाया और मुझे जब भी समय मिला मैंने बहुत-से मुद्दों पर उनके विचार सुने। एशियाड विलेज का फ्लैट नम्बर 833 बहुत-सी गतिविधियों का केन्द्र बन गया। 25 जुलाई को होने वाले शपथग्रहण समारोह में आमंत्रित लोगों की सूची बनाना ही एक बहुत बड़ा काम था। पार्लियामेंट का सेन्ट्रल हॉल केवल एक हज़ार लोगों के लिये ही ठीक था। सांसदों, दोनों सदनों के अधिकारियों, नौकरशाहों तथा अन्य मंत्रियों तथा अतिथियों, विदा हो रहे राष्ट्रपति के.आर. नारायणन आदि को गिनने के बाद केवल सौ और लोगों के जुड़ने की गुंजायश बचती थी। इसे हमने खींच-तान कर के डेढ़ सौ कर लिया लेकिन वह डेढ़ सौ लोग कौन होंगे, यह बड़ी समस्या थी। परिवार के सदस्य ही सैंतीस थे। मेरे पुराने भौतिक शास्त्र के गुरु जी प्रोफ़ेसर चिन्नादुरै, मद्रास इंस्टीटयूट ऑफ टेक्नोलॉजी के प्रोफ़ेसर के. वी. पंडालाई, रामेश्वरम मंदिर के मुख्य पुरोहित पक्षी वेंकटासुब्रामनियम शास्त्रिगल, रामेश्वरम मसजिद के इमाम नुरुल खुदा, रामेश्वरम चर्च के रिवरेंड ए. जी. लियोनार्ड, विख्यात नेत्र चिकित्सा विशेषज्ञ डॉ. जी. वेंकटस्वामी, जिन्होंने अरविद नेत्र संस्थान की नींव रखी थी, यह सब आये। अतिथियों में नर्तकी सोनल मानसिंह भी थीं। इनके साथ-साथ बहुत-से उद्योगपति, पत्रकार, मेरे निजी मित्रगण भी इस अवसर पर आमंत्रित थे। विशेष बात वह थी कि अतिथि के तौर पर देश के विभिन्न राज्यों से आये हुए सौ बच्चे भी उपस्थित थे, जिनके लिये एक अलग स्थान की व्यवस्था

की गयी थी। उनको एक वरिष्ठ सहायक की निगहबानी दी गयी थी। यह एक गर्म दिन था लेकिन हर कोई औपचारिक सज्जा धारण किये, उस समारोह में भाग लेने सेन्ट्रल हॉल पहुंचा था।

मेरे देश के सीधे-सादे लोगों की समझ और मासूमियत मुझे हमेशा यह विश्वास दिलाती है कि मेरा देश विश्व को शांति और समृद्धि की राह दिखाएगा।

3

मेरे जीवन के सात निर्णायक मोड़

अपनी समस्याओं को स्वयं सुलझाओ
मुश्किलों पर विजय प्राप्त करो

मैं अध्यापन और शोध के काम में बहुत रुचि लेता हूँ, क्योंकि मैं इसे बार-बार करने में थकता नहीं। शैक्षिक जीवन मेरे विचार तंत्र और मेरी आविष्कारक क्षमता को प्राण देता है। युवाओं और उनके गुरुजनों से बातचीत करना मेरी स्वानुभूति की पहली ज़रूरत है। मैंने एक सचेत और विवेकपूर्ण निर्णय लिया कि मैं अध्यापन और शोध के क्षेत्र में वापस लौटूं।

जैसा मैंने बताया, किन्हीं तात्कालिक घटनाओं के कारण मुझे देश का राष्ट्रपति बनना स्वीकार करना पड़ा, हालांकि पूरी तरह मेरी मानसिक तैयारी अध्यापन में ही बने रहने की थी। इसके साथ ही मुझे अपने जीवन की छह और घटनाएं भी याद आ रही हैं जिन्होंने मेरी ज़िंदगी का रास्ता ही बदल दिया। राष्ट्रपति पद से मुक्त होने के बाद मेरा फिर से भारत के शैक्षिक परिवेश में लौटना भी एक ऐसी ही घटना के रूप में गिना जा सकता है।

~

मेरे जीवन का पहला निर्णायक मोड़ 1961 में आया था। मुझे अभी तक याद है, मैं 'एरोनॉटिकल डेवेलपमेंट इस्टेब्लिशमेंट' (ए.डी.ई.) में बतौर सीनियर साइंटिफिक असिस्टेंट काम कर रहा था और एक हेलिकॉप्टर के डिज़ाइन के काम में चीफ डिज़ाइनर नियुक्त था। 'नंदी' नाम से बनाया गया हेलिकॉप्टर तैयार था और हम उसकी उड़ान का प्रदर्शन बहुत-से अतिथियों के सामने

करने जा रहे थे। ऐसा होता ही रहता था। एक दिन ए.डी.ई. के निदेशक डॉ. गोपीनाथ मेदिरत्ता एक लंबे, खूबसूरत, दाढ़ी वाले आगंतुक को साथ ले कर आये। उस नये आगंतुक ने मुझसे उस हैलिकॉप्टर के बारे में बहुत-से सवाल पूछे। मैं उस व्यक्ति के इतने स्पष्ट विचारों को देख कर स्तब्ध रह गया। उसने पूछा, 'क्या आप मुझे इस हेलिकॉप्टर में एक बार सवारी दिला सकते हैं?'

हमने उस हेलिकॉप्टर पर दस मिनट की, बस एक नाम मात्र-सी उड़ान भरी। हेलिकॉप्टर ज़मीन से बस कुछ सेंटीमीटर ऊपर उठा और फिर नीचे आ गया। इस हेलिकॉप्टर को मैं ही उड़ा रहा था, और वह आगंतुक इस बात से चकित था। उस व्यक्ति ने मुझसे कुछ सवाल मेरे बारे में भी पूछे, मुझे इस सवारी के लिये धन्यवाद दिया और चला गया। जाते समय उसने अपना परिचय भी नहीं दिया। बाद में पता चला कि वह 'टाटा इंस्टीट्यूट ऑफ फंडामेंटल रिसर्च' के निदेशक प्रोफ़ेसर एम. जी. के. मेनन थे। एक सप्ताह बाद मुझे 'इंडियन कमेटी फॉर स्पेस रिसर्च' (आई.सी.एस.आर.) से एक लिफाफा मिला जिसमें मेरा रॉकेट इंजीनियर के पद के लिये इंटरव्यू पत्र था। यही संस्था बाद में 'इण्डियन स्पेस रिसर्च ऑर्गनाईज़ेशन' बन गयी और 'इसरो' कहलाने लगी।

जब मैं इंटरव्यू के लिये बम्बई पहुंचा तो यह देख कर आश्चर्यचकित हो गया कि वहां प्रोफ़ेसर विक्रम साराभाई, जो आई.सी.एस.आर. के चेयरमैन भी थे, इंटरव्यू बोर्ड में बैठे थे। उनके साथ प्रोफ़ेसर मेनन और 'एटोमिक एनर्जी कमीशन' (ए.ई.सी.) के उप-सचिव सर्राफ भी बोर्ड में बैठे थे। मैं प्रोफ़ेसर साराभाई की गर्मजोशी देख कर चकित था। उन्होंने मेरे अपने ज्ञान और दक्षता के बारे में कुछ नहीं पूछा, बल्कि वह मेरे भीतर की संभावनाओं की पड़ताल करते रहे। वह मेरी ओर किसी बड़े अभीष्ट की तलाश में देख रहे थे। मेरा सामना एक ऐसे सच्चे पल से था जिसकी मुट्ठी में मेरा सपना बंद था, और वह एक बड़े इंसान की मुट्ठी थी जिसमें उसका भी बड़ा सपना बंद था।

अगले दिन, शाम को मुझे मेरे चयन की सूचना दी गयी। मुझे 1962 में नवगठित इसरो में रॉकेट इंजीनियर के तौर पर नियुक्त कर लिया गया था। इस तरह मेरे जीवन की सबसे बड़ी घटना सामने आई—प्रोफ़ेसर सतीश

धवन का मुझे निर्देश देना कि मैं भारत के पहले उपग्रह प्रक्षेपण कार्यक्रम की अगुआई, उसके प्रोजेक्ट डायरेक्टर के रूप में करूँ।

~

दूसरा मोड़ 1982 में आया, जब मुझे भारत के मिसाइल कार्यक्रम में पहुँचने का मौका मिला। इसके लिये 'डिफेन्स इंस्टीटयूट ऑफ वर्क स्टडी', मसूरी (डी.आई.डब्ल्यू.एस.) में मेरी भेंट डॉ. राजा रामन्ना से हुई। (अब यह संस्थान 'इंस्टीट्यूट ऑफ टेक्नोलॉजी मैनेजमेंट' कहलाता है) यह संस्थान डिफेन्स सिस्टम मैनेजमेंट के उन सेवा अधिकारियों को प्रशिक्षित करता है जिन्हें विशेष दक्षता की ज़रूरत होती है। चूंकि मैं एसएलवी-3 का प्रोजेक्ट डायरेक्टर रह चुका था इसलिए मुझे डी.आई.डब्ल्यू.एस. में एक व्याख्यानमाला चलाने का काम सौंपा गया। मैंने अपने व्याख्यान में बताया कि कैसे पहला भारतीय उपग्रह यान, रोहिणी पृथ्वी की कक्षा में प्रक्षेपित किया गया। डॉ. रामन्ना ने 1974 में भारत में पहले परमाणु परीक्षण की सफलता पर अपना व्याख्यान दिया।

अपने व्याख्यानों के बाद हम देहरादून पहुंचे, जहाँ हमें वैज्ञानिकों के एक दल के साथ चाय पीनी थी। जब मैं देहरादून में ही था, तभी डॉ. रामन्ना ने मेरे सामने 'डिफेन्स रिसर्च एंड डेवलपमेंट लेबोरेटरी' (डी.आर.डी.एल.) हैदराबाद के लिये निदेशक के पद का प्रस्ताव रखा। डी.आर.डी.एल. से ही मिसाइल सिस्टम के विकास के लिये अलग प्रयोगशाला का जन्म हुआ, जिसका प्रबंधन 'डिफेंस रिसर्च एण्ड डेवलेपमेंट ऑरगेनाइज़ेशन' (डी.आर.डी.ओ.) के अधीन है। मैंने इस प्रस्ताव को तुरंत स्वीकार कर लिया क्योंकि मैं शुरू से ही रॉकेट टेक्नोलॉजी का उपयोग मिसाइल टेक्नोलॉजी में करना चाहता था। इसके लिये मेरा अगला कदम अपने प्रमुख प्रोफ़ेसर धवन को राज़ी करना था, जो इसरो के चेयरमैन थे।

कई महीने बीत गये, इसरो और डी.आर.डी.ओ. के बीच पत्राचार होता रहा। रक्षा संस्थानों के सचिवालय अंतरिक्ष विभाग के बीच कई बैठकें हुईं ताकि इस विषय में दोनों के बीच कोई कार्यनीति तय हो सके। डॉ. वी. एस. अरुणाचलम तथा रक्षा मंत्री के वैज्ञानिक सलाहकार आर. वेंकटरमन की मध्यस्थता में मंत्री जी तथा प्रोफ़ेसर धवन के बीच विचार-विमर्श हुआ और

उसके आधार पर फरवरी 1982 में यह निर्णय हुआ कि मैं डी.आर.डी.एल. में निदेशक का पद संभाल लूँ।

~

मेरे जीवन का तीसरा निर्णायक मोड़ जुलाई 1992 में तब आया जब मैंने डॉ. अरुणाचलम के बाद रक्षा मंत्री तथा 'डिपार्टमेंट ऑफ डिफेन्स रिसर्च एंड डेवेलपमेंट' के सचिव के वैज्ञानिक सलाहकार का पद ग्रहण किया। 1993 में तमिलनाडु के तत्कालीन गवर्नर डॉ. चेन्नारेड्डी ने मुझे मद्रास यूनिवर्सिटी का उप-कुलपति बनने के लिये आमंत्रित किया। इस संबंध में मैंने सरकार से अनुरोध किया कि वह मेरी बासठ वर्ष की आयु हो जाने पर यूनिवर्सिटी में मेरी नियुक्ति को अपनी स्वीकृति दे। उस समय पी. वी. नरसिंह राव देश के प्रधानमंत्री थे और रक्षा मंत्री का भी पद संभाल रहे थे। उन्होंने कहा कि चूंकि मेरे पास अभी राष्ट्रीय महत्त्व के कई काम चल रहे हैं इसलिए मुझे अभी वैज्ञानिक सलाहकार का दायित्व संभालते रहना चाहिए। मैं यहाँ बता दूँ कि मैंने नरसिंह राव के साथ कई वर्ष तक काम किया था और मैंने पाया था कि वह रक्षा संबंधी मामलों में, विशेष रूप से रक्षा संबंधी स्वदेशी संसाधन के विकास के पक्ष में थे। सुदृढ़ रक्षा व्यवस्था बनाने की दिशा में वे दूरदर्शी थे। इसलिए मैंने उनकी बात मान ली और सत्तर वर्ष की आयु तक वैज्ञानिक सलाहकार का दायित्व संभाले रखा।

~

1998 का परमाणु परीक्षण मेरे लिये चौथा निर्णायक मोड़ था। इसके पीछे एक रोचक कहानी है। हम मई 1996 के समय में लौटते हैं। उसी वर्ष चुनाव हुए थे। चुनाव परिणाम आने के कुछ ही दिन पहले मेरी नरसिंह राव से भेंट हुई थी। उन्होंने कहा था, 'कलाम, अपने दल के साथ परमाणु परीक्षण के लिये तैयार हो जाओ। मैं तिरुपति जा रहा हूँ।। तुम बस मुझे इन परीक्षणों के लिए स्वीकृति मिलने तक इंतज़ार करो। डी.आर.डी.ओ. और 'डिपार्टमेंट ऑफ एटॉमिक एनर्जी' (डी.ए.ई.) के दल इसके लिये तैयार रहें।'

उनकी तिरुपति की यात्रा, निश्चित रूप से, ईश्वर से सफलता की कामना के लिये हो रही थी। लेकिन 1996 के चुनाव परिणाम हमारी उम्मीद के विपरीत

निकले। कांग्रेस की सीटों की संख्या गिर कर केवल 136 रह गयी। अटल बिहारी वाजपेयी के नेतृत्व में भारतीय जनता पार्टी सत्ता में आ गयी। लेकिन यह सरकार केवल दो सप्ताह ही टिक पाई, उसके बाद तीसरे मोर्चे के एच. डी. देवगौड़ा प्रधानमंत्री बन गये। लेकिन उन दो हफ्तों में वाजपेयी सरकार ने परमाणु परीक्षण करने की दिशा में भरपूर काम किया।

रात के नौ बज रहे थे। मेरे पास 7, रेस कोर्स से एक सन्देश आया कि मैं तुरंत नये प्रधानमंत्री तथा पदमुक्त राव से भेंट करूँ। राव ने मुझसे कहा कि मैं वाजपेयी जी को परमाणु परीक्षण से संबंधित विवरण दे दूँ ताकि नई सरकार तक महत्त्वपूर्ण योजना विधिवत पहुँच जाए।

लगभग दो साल बाद वाजपेयी जी फिर से प्रधानमंत्री बने। 15 मार्च, 1998 आधी रात को मुझे वाजपेयी जी का फोन आया। उन्होंने बताया कि वे मंत्रियों की सूची तैयार कर रहे हैं और मुझे भी मंत्रिमंडल में लाना चाहते हैं और अगली सुबह 9 बजे मिलने का समय दिया। चूँकि वक्त कम था, मैंने आधी रात को ही कुछ करीबी दोस्तों को इकट्ठा किया और हम सुबह तीन बजे तक इस बात पर विचार करते रहे कि मुझे मंत्रिमंडल में शामिल होना चाहिए कि नहीं। राय यह बन रही थी कि चूंकि मैं दो राष्ट्रीय स्तर के महत्त्वपूर्ण प्रोजेक्ट्स में पूरी तरह से व्यस्त था और वे अपनी मंज़िल तक पहुंचने वाले थे, ऐसे में मुझे इनको छोड़कर राजनीति में प्रवेश नहीं करना चाहिए।

अगली सुबह मैं 7, सफदरजंग मार्ग पहुँच गया जहाँ प्रधानमंत्री का आवास था। उन्होंने मुझे अपने ड्राइंग रूम में बैठाया और मुझे घर की बनी मिठाई खिलाई। उसके बाद मैंने कहा, 'मैं और मेरी टीम दो महत्त्वपूर्ण कार्यक्रमों पर काम कर रहे हैं। एक काम तो अग्नि मिसाइल की तैयारी का है। दूसरा परमाणु कार्यक्रम से जुड़े कई परीक्षणों की अंतिम तैयारी, जो डी.ए.ई. के साथ मिल कर किये जाने हैं। मैं समझता हूँ कि यदि मैं इन दोनों कार्यक्रमों पर अपना पूरा समय दूँगा तो उससे राष्ट्र का बड़ा हित सिद्ध होगा। कृपया मुझे इसे जारी रखने दें।'

वाजपेयी जी ने उत्तर दिया, 'मैं तुम्हारी भावनाओं की प्रशंसा करता हूँ। ईश्वर तुम्हें सफल करे!' उसके बाद बहुत कुछ हुआ। अग्नि मिसाइल प्रक्षेपण के लिये तैयार हुआ, पांच परमाणु परीक्षण एक के बाद एक किये गये और

इस तरह भारत परमाणु शस्त्र संपन्न राष्ट्र बन गया। मेरे कैबिनेट स्तर के पद को अस्वीकार करने से मैं दो महत्त्वपूर्ण कार्यक्रम पूरे कर पाया जिनसे देश को गौरवपूर्ण परिणाम मिले।

~

मेरा पांचवां निर्णायक मोड़ 1999 के अंत में तब आया जब मैं भारत सरकार का प्रमुख वैज्ञानिक सलाहकार नियुक्त किया गया, जो कि कैबिनेट मंत्री की हैसियत के बराबर का पद है। मेरी टीम में डॉ. वाई. एस. राजन, इलेक्ट्रॉनिक्स तथा संचार तंत्र के विशेषज्ञ डॉ. एम. एस. विजयराघवन, जिनके साथ मैं टी.आई.एफ.ए.सी. में काम कर चुका हूँ, तथा मेरे निजी सचिव एच. शेरिडोन थे। जब मैं वैज्ञानिक सलाहकार था तब एच. शेरिडोन मेरे स्टाफ ऑफिसर थे। जब मैंने यह काम शुरू किया तब हमारे पास कोई ऑफिस नहीं था। हमने ऑफिस खुद बनाया। इसके लिये हम डी.आर.डी.ओ. विशेष रूप से सिविल वर्क्स एंड एस्टेट के चीफ एक्ज़ीक्यूटिव के. एन. राय, मेजर जनरल आर. स्वामीनाथन, चीफ कंट्रोलर, आर. एंड. डी. के अथक प्रयास का धन्यवाद करते हैं। मुझे लगा कि भारत-2020 का लक्ष्य भारत सरकार ने स्वीकार कर लिया है, तो मुख्य वैज्ञानिक सलाहकार का कार्यालय दस्तावेज़ों में लिखी योजनाओं के क्रियान्वन का उपयुक्त मंच होगा। इस संकल्प को सबसे पहले देवगौड़ा सरकार के सामने रखा गया था। उसके बाद आई. के. गुजराल प्रधानमंत्री बने। 1998 में वाजपेयी दुबारा आये। इन तीनों की सरकारों ने अनुमोदन को लागू करने के लिये इसे आगे बढ़ाया। विज्ञान भवन की 'एनेक्सी' में हमारा ऑफिस था। यह एक बड़ी इमारत है जिसमें बहुत से जांच-आयोगों के तथा दूसरे अन्य सरकारी कार्यालय हैं। यह एक शांत जगह है। बगल में स्थित विज्ञान भवन ज़रूर एक मशहूर जगह है, इसमें बड़े राष्ट्रीय और अंतरराष्ट्रीय सम्मेलन होते रहते हैं। एनेक्सी उप-राष्ट्रपति के आवास के पास बनी है और यह नॉर्थ ब्लॉक और साउथ ब्लॉक की गहमागहमी से हट कर काम करने के लिये एक बेहतर जगह है।

मुझे अपने कार्य के दौरान काफी यात्राएँ करनी पड़ती थीं। 30 सितम्बर, 2001 को एक हेलिकॉप्टर दुर्घटना में मैं मौत से बाल-बाल बचा। यह दुर्घटना तब हुई जब हेलिकॉप्टर झारखंड के बोकारो स्टील प्लांट में उतर रहा था।

यह एक चमत्कारी बचाव था। जैसे ही मैं बाहर कूदा, मैं भाग कर अपने पायलट और सह-पायलट के पास पहुँच गया और मैंने कहा, 'धन्यवाद, आप लोगों ने मुझे बचा लिया। ईश्वर आपका कल्याण करे!' पायलट लोगों की आँखें भर आई थीं, लेकिन मैंने उनको समझाया कि यह होता रहता है। हम बस यह कर सकते हैं कि समस्या का कारण समझें और उसे हल करें। उस शाम मेरे पांच कार्यक्रम थे। मुझे व्याख्यान देना था और मेरे श्रोताओं में स्टील प्लांट के अधिकारी, इंजीनियर्स, स्टॉफ के लोग तथा बोकारो के स्कूलों के छात्र थे। दुर्घटना की खबर तेज़ी से फ़ैल चुकी थी। समाचार चैनल भी वहां आ पहुंचे थे। जब मैं बच्चों से मिला, वह बहुत घबराए हुए थे। मैंने उन सबसे हाथ मिलाया और उनके साथ उत्साह का संचार करने वाला एक भजन गाया। जिससे वह प्रसन्न हुए। वह एक सुगम उपदेश गीत था :

साहस

साहस, लीक से हट कर सोचने का
साहस, आविष्कार का
साहस, अनजान रास्तों पर चल पड़ने का
साहस, समस्या से मुठभेड़ का और सफल होने का
यह सब युवाओं के अनोखे गुण हैं
अपने देश के एक युवा के रूप में
मैं काम करूँगा, और सभी लक्ष्यों को सिद्ध करने के लिये साहस बनाए रखूँगा।

उसी दिन एक दुखांत विमान दुर्घटना हुई थी, जिसमें माधव राव सिंधिया के साथ छह और लोग, जिनमें पत्रकार, उनके निजी स्टॉफ के लोग तथा विमान के कर्मचारी थे, सभी मौत की गोद में सो गये थे। इन दोनों समाचारों को रामेश्वरम में मेरे परिवार वालों ने, और मेरे मित्रों ने देश-विदेश में सुना। वह सब मेरा हाल जानने के लिये बेचैन थे। मुझे अपने भाई से बात करनी पड़ी ताकि वह मेरे परिवार के अन्य लोगों को बता सके कि मैं ठीक हूँ। मेरा भाई मीडिया से सुनी हुई खबरों पर भरोसा नहीं कर रहा था।

जब मैं उसी दिन शाम को दिल्ली पहुँचा, मुझे प्रधानमंत्री कार्यालय से

सन्देश मिला कि मैं वाजपेयी जी से भेंट करूँ। मैं वाजपेयी जी के पास पहुंचा। वे मिले। उन्होंने मेरी दुर्घटना के बारे में पूछा। वह मुझे भला-चंगा देख कर खुश हुए। आगे उन्होंने बताया कि उन्होंने भारत-2020 के बारे में उद्योगपतियों और कैबिनेट से बात की है और पार्लियामेंट में इस पर कार्यवाही की घोषणा कर दी है। मैंने उन्हें बताया कि इसमें कई बाधाएं हैं। मैं इसी विषय में सोच रहा था।

इस विमान-दुर्घटना ने दो महत्त्वपूर्ण घटनाओं को जन्म दिया। पहली तो यह कि इसने मुझे मेरी पुस्तक, *इग्नाइटेड माइंड्स* लिखने के लिए प्रेरित किया, जिसका उद्देश्य युवाओं को इस बात के लिये प्रेरित करना था कि वे 'मैं कर सकता हूँ' का भाव अपनाएं। दूसरी घटना यह थी कि मैंने खुद को आध्यात्मिक रूप से जागृत करने के लिये अम्मा—माता अमृतानंदमयी से मिलने जाने का मन बना लिया, और इस तरह मेरी रांची से क्विलोन की यात्रा तय हो गयी। जैसा कि संयोग बना, मेरी पुस्तक *इग्नाइटेड माइंड्स* मेरे राष्ट्रपति बनने के ठीक पहले प्रकाशित हुई थी। इसका शीर्षक न्यूज़ मीडिया को भा गया और मेरे राष्ट्रपति बनने के दिनों में इसे शीर्ष खबरों में कई बार देखा गया। इस पुस्तक को असाधारण सफलता मिली और यह स्थायी रूप से बिकने वाली पुस्तक हो गयी। अम्मा एक संत व्यक्तित्व वाली पुण्यात्मा हैं और विशेषतः शिक्षा और स्वास्थ्य के क्षेत्र में जन-कल्याण के काम में व्यस्त रहती हैं। लाचार और अनाथ लोगों का सहारा बनती हैं। इस यात्रा में मेरे साथ मेरे दो मित्र भी थे और मैंने उनसे यह बात साझा की थी कि मैंने प्रमुख वैज्ञानिक सलाहकार (पी.एस.ए.) के पद से त्यागपत्र दे दिया है और इस आशय का पत्र मैं प्रधानमंत्री को भेज चुका हूँ। मेरी भेंट अम्मा से बिलकुल तनावमुक्त मनःस्थिति में हुई। मैंने अम्मा से भारत-2020 की अपनी अवधारणा, और मूल्य-आधारित शिक्षा के बारे में बात की।

यह प्रसंग नवम्बर 2001 का है, जब मुझे प्रमुख वैज्ञानिक सलाहकार के पद पर लगभग दो वर्ष हो चुके थे। मैंने अपने एक पत्र में लिखा कि मैं अपने शैक्षिक उद्देश्यों की ओर लौटना चाहता हूँ। निश्चित रूप से, इसके गंभीर कारण थे। मुझे एहसास हुआ था कि 'प्रोवाइडिंग अर्बन एमिनिटीज़ इन रूरल एरियाज़' (पी.यू.आर.ए.) जैसे कार्यक्रम और भारत-2020 का प्रबंधन, जिन्हें मैं देख रहा था, उन्हें समुचित वरीयता नहीं मिल रही थी। समस्या कहाँ पर थी? जहाँ तक संभव हो सके, मैं किसी भी लक्ष्य या गतिविधि को एक

प्रोजेक्ट की तरह, निर्धारित समय और आर्थिक सीमा के भीतर, ज़िम्मेदारी से पूरा करना चाहता हूँ। काम का ऐसा परिवेश पूरे सरकारी तंत्र में अपना पाना मुश्किल है, जहाँ लक्ष्य को बहुत सारे ऐसे मंत्रालयों और विभागों द्वारा सिद्ध करना हो जिनके अपने लक्ष्य और कार्यक्रम भी हों। जैसे, अगर कृषि के सन्दर्भ में कोई यह लक्ष्य रखे कि प्रतिवर्ष चार प्रतिशत उपज बढ़ानी है, तो उसे जल मंत्रालय, खाद, रसायन, ग्रामीण विकास, पंचायत राज और खाद के परिवहन के लिये रेल विभाग आदि के सहयोग की ज़रूरत पड़ेगी, जिन सब के लिये कोई एक लक्ष्य तय नहीं किया गया है। इसके अलावा, पी.एस.ए. कोई एकछत्र प्रत्यक्ष अधिकार प्राप्त इकाई नहीं है, उसकी भूमिका केवल परामर्श देने और संयोजन करने तक सीमित है, जिसका कोई लाभ लक्ष्य पूरा करने में नहीं मिल सकता। इस निर्णय ने मुझे अन्ना यूनिवर्सिटी के समाज परिवर्तन विभाग में टेक्नोलॉजी के प्रोफ़ेसर का काम संभालने के लिये प्रेरित किया। यह मेरे जीवन का छठा निर्णायक मोड़ था।

मेरे राष्ट्रपति पद के कार्यकाल के अंतिम तीन महीनों में मुझसे एक सवाल पूछा जा रहा था कि क्या मैं दूसरी बार इस पद के लिये प्रत्याशी बनूँगा? मैंने पहले ही मन बना लिया था कि मैं अपने अध्यापन के जीवन में वापस जाऊँगा और भारत-2020 की अपनी संकल्पना को आगे बढ़ाऊंगा। अचानक, जुलाई माह की ओर बढ़ते दिनों में सत्ताधारी पार्टी कांग्रेस ने संभावित लोगों के नाम सामने रखे। विपक्ष का नज़रिया दूसरा था, देश में राजनीतिक गतिविधियों की हलचल ज़बरदस्त थी, और विभिन्न राजनीतिक दलों से झुण्ड के झुण्ड नेता लोग मेरे पास आ रहे थे कि मैं दुबारा चुनाव में आऊँ। मेरे पास बहुत-से जन प्रतिनिधियों के, महत्त्वपूर्ण लोगों के और युवाओं के संवाद व्यक्तिगत भेंट के दौरान या ई-मेल और पत्रों के माध्यम से आये कि मैं दूसरी बार यह पद स्वीकार करूँ। नामांकन भरने की अंतिम तारीख के पास राजनीतिक नेताओं का एक दल मेरे पास आया कि यदि मैं इसके लिये तैयार होऊं तो सारे राजनीतिक दल, सत्ता दल सहित मेरा समर्थन करेंगे।

मैंने उनसे कहा कि अगर सारे राजनीतिक दल समर्थन देंगे तो मैं इस संभावना पर विचार कर सकता हूँ। इस पर नेता लोग वापस आये और मुझे बताया कि सत्ताधारी दल मुझे समर्थन देने को तैयार नहीं है, लेकिन उन्होंने विश्वास व्यक्त किया कि अगर मैं चुनाव में उतरता हूँ तो मेरी विजय निश्चित

है। बिना किसी हिचकिचाहट के मैंने कहा कि इस दशा में मैं चुनाव में प्रत्याशी नहीं बनूँगा; क्योंकि मेरा मत है कि राष्ट्रपति भवन को दलगत राजनीति में नहीं खींचा जाना चाहिए। अनमने-से होकर नेताओं ने मेरी बात मान ली। एक प्रेस विज्ञप्ति जारी हो गई कि मैं राष्ट्रपति के चुनाव में प्रत्याशी नहीं हूँ। मैंने सचेत निर्णय लिया कि मैं अपने शैक्षिक और शोध के क्षेत्र में वापस जाऊँगा और अपनी इस गहरी रुचि को आगे बढ़ाऊंगा कि 2020 तक भारत आर्थिक रूप से विकसित राष्ट्र बनेगा।

मैंने हमेशा यही माना है कि कायर लोग कभी इतिहास नहीं बनाते, इतिहास विवेक और साहस से सम्पन्न लोगों से बनता है। साहस वैयक्तिक चारित्रिकता है और विवेक अनुभव से आता है।

4

मिलनसार राष्ट्रपति

सशक्तीकरण एक भीतरी प्रक्रिया है
ईश्वर के अतिरिक्त कोई दूसरा इसे सम्पन्न नहीं कर सकता

राष्ट्रपति का दायित्व निभाना मेरे लिये एक चुनौती थी। यह भारत-2020 कार्यक्रम को आगे बढ़ाने का मंच बन गया, जो मैं समझता हूँ कि केवल सभी नागरिकों, सांसदों, प्रशासकों, कलाकारों, लेखकों, और देश के युवाओं के सहयोग से ही पूरा हो सकता है। इस अभियान के पक्ष में किसी को भी सहमत कर पाने का एकमात्र तरीका आमने-सामने का संवाद है, जिसके ज़रिये दूसरे का वैचारिक दृष्टिकोण भी जाना जा सकता है।

राष्ट्रपति पद ने मुझे यह अवसर दिया। मैं यहाँ से सामाजिक परिदृश्य में लोगों के साथ सीधा संवाद कर सका, विशेष रूप से युवा और राजनीतिक नेताओं को अपने अभियान का देश के लिये महत्त्व बता सका, और यह कि इसे क्रियान्वित किया जाना चाहिए।

इस से मुझे राष्ट्रपति के रूप में एक अतिरिक्त भूमिका मिली। संवैधानिक भूमिका के सन्दर्भ में, राष्ट्रपति को यह निश्चित करना होता है कि सरकार और विधायकों का हर एक कदम संविधान की मूल वृत्ति के अनुकूल ही उठे। सरकार का हर एक कदम भारत के राष्ट्रपति के नाम पर उठता है। संसद में जो बिल और अध्यादेश पारित होते हैं, उन्हें सरकार राष्ट्रपति तक उसकी सहमति पाने के लिये लाती है। राष्ट्रपति को निर्णय लेने के पहले यह आश्वस्त करना होता है कि यह बिल या अध्यादेश व्यापक जनहित में है। उसे यह भी देखना होता है कि किसी पूर्वाग्रहग्रस्त निर्णय की परंपरा तो नहीं शुरू हो

रही है। मैं राष्ट्रपति की कार्यप्रणाली की अतिरिक्त विस्तार से चर्चा नहीं करूँगा। फिर भी, जैसा कि मैं समझता हूँ, संविधान, परंपरा और परिपाटी के दायित्वों के अतिरिक्त उसे और भी बहुत कुछ करना होता है, वह केवल नाममात्र का राष्ट्रपति नहीं होता।

बहुत-से क्षेत्रों में ठोस काम करने की अनेक संभावनाएं हैं, चाहे वह समाज के विभिन्न वर्गों से संवाद के ज़रिये विकास कार्य में तेज़ी लाना हो, या राजनीतिक सन्दर्भ में, जैसे अपने स्तर पर वह दलों और उनके सहयोगी घटकों की संयुक्त ताकत का अनुमान रखे, जिससे राजनीतिक दल कमज़ोर बहुमत की स्थिति में कोई निर्णय न लें। राष्ट्रपति राज्यपालों को दूरदर्शितापूर्ण सुझाव देता रहे और वह उनके राज्यों के कामकाज के बारे में सचेत जानकारी रखे। जिस तरह सशस्त्र सेना का कमांडर अपने दल को बेहतरीन काम करने के लिये प्रेरित करता रहता है, वैसी ही भूमिका राष्ट्रपति भी निभाए।

इसके अतिरिक्त, राष्ट्र का सर्वोच्च होने के कारण राष्ट्रपति पर जनता की नज़र होती है। मेरा उद्देश्य था कि मैं राष्ट्रपति भवन को जनता की पहुँच के लिये सुलभ कर दूँ। मैं इस तरह जनता में यह भावना जगाना चाहता था कि वह देश में विकास और समृद्धि लाने वाले कामों में हिस्सेदार है और प्रबंधन कैसा हो रहा है इस से उनका भी हित प्रभावित होता है। इस तरह, राष्ट्रपति के रूप में मैं लोगों के जीवन में जगह बनाने की राह पर चल निकला और व्यवस्था काफी कुछ मिलनसार हो गयी।

मैंने सबसे पहले तो राष्ट्रपति भवन में 'ई-गवर्नेंस', यानी इलेक्ट्रॉनिक्स शासन प्रणाली की शुरुआत की। कंप्यूटर तो पहले से इस्तेमाल हो रहे थे लेकिन मुझे लगा कि उनका और भी अधिक उपयोगी प्रयोग किया जा सकता है। हमने ऐसा तरीका लागू किया जिससे राष्ट्रपति सचिवालय में आने वाले सभी पत्र, फाइलें और दस्तावेज़ को 'स्कैन' करके उन्हें इलेक्ट्रॉनिक रूप में बदला जाए और प्रत्येक पर 'बार कोड' अंकित हो जाएँ ताकि वह कंप्यूटर की पहचान में रहें। उसके बाद सारे पत्र, फाइलें सरकारी अभिलेख रिकार्ड में चले जाएं और उनके महत्त्व के अनुसार उन्हें संबंधित अधिकारियों, निदेशकों और सरकारी विभागों तक, या राष्ट्रपति के पास केवल कंप्यूटर के माध्यम से (इलेक्ट्रॉनिक ढंग से) भेजा जाए।

मेरा सपना था कि हम ऐसा तरीका अपनाएं जिससे राष्ट्रपति भवन,

प्रधानमंत्री का कार्यालय, राज्यपालों के कार्यालय, और विभिन्न मंत्रालय एक सुरक्षित संचार तंत्र से जुड़ जाएँ, जिसमें G2G के ज़रिये इलेक्ट्रॉनिक हस्ताक्षर तथा ई-गवर्नेंस संभालने की क्षमता हो। हमने एक तंत्र (system) का परीक्षण किया और वह लागू किये जाने के लिये तैयार था। मुझे विश्वास है कि एक दिन मेरा सपना सच होगा। हमने ई-गवर्नेंस का यह तरीका राष्ट्रपति सचिवालय के नौ विभागों में लागू किया और उसका परिणाम देखा। आमतौर पर, जब जनता की अर्ज़ियां जन-1 विभाग (पब्लिक-1 सैक्शन) में पहुंचती थीं, तो बीस अर्ज़ियों के निपटारे में सात दिन का समय लगता था। इस ई-गवर्नेंस के लागू होने के बाद, केवल पांच घंटों में चालीस अर्ज़ियों का निपटारा हो पाने लगा। मैं उम्मीद करता हूँ कि ऐसा तरीका बहुत-से राज्यों और केन्द्र सरकार के विभागों में लागू किया जा सकता है।

~

राज्यों और केन्द्रशासित प्रदेशों के सांसदों के साथ राष्ट्रपति भवन में सुबह के नाश्ते पर उनको आमंत्रित करना और उनके राज्यों में विकास की स्थिति और प्रगति का सीधा हाल जानना, यह मेरे राष्ट्रपति काल के प्रारंभिक दिनों की एक महत्त्वपूर्ण गतिविधि थी। ऐसी बैठकें वर्ष 2003 में 11 मार्च से लेकर 6 मई तक चलीं और इनका मेरी सोच पर गहरा असर पड़ा।

यह बैठकें एक तयशुदा लक्ष्य को लेकर की जाती थीं, और इनकी तैयारी में मैं और मेरी टीम हफ्तों पहले लग जाते थे। हमने प्रत्येक राज्य की विकास संबंधी ज़रूरतों और उनकी क्षमता के बारे में शोध किया। इसके लिये ज़रूरी सूचनाएँ योजना आयोग, केन्द्र तथा राज्यों के सरकारी विभागों से मंगवाई गयीं। राष्ट्रीय और अंतरराष्ट्रीय अनुमापन संबंधी बहुत से दस्तावेज़ों का अध्ययन किया गया।

इस तरह प्राप्त आंकड़ों का विश्लेषण किया गया, इन्हें ग्राफ तथा मल्टी-मीडिया तरीके से प्रस्तुत किये जाने लायक बनाया गया। इस तरह प्राप्त जानकारी को पॉवर प्वाइंट प्रस्तुतियों के ज़रिये सांसदों को दिखाया गया और इन तीन क्षेत्रों पर ज़ोर दिया गया—1. विकसित भारत की संकल्पना, 2. उस राज्य या यूनियन टेरिटरी की सम्पदा, 3. उस राज्य की विशिष्ट क्षमताएं।

इस गतिविधि का अभीष्ट इस बात को स्पष्ट करना था कि देश के

विकास का क्रम इन तीन बातों से जुड़ा हुआ है। फिर एक चौथा पक्ष और तैयार किया गया। वह था विकास के इन क्षेत्रों के लिये प्रगति के संकेतकों का चुनाव, जिनके आधार पर प्रगति नापी जा सके। इस तरह मैंने खुद को बहुत आनंदित महसूस किया। विभिन्न दलों से आये सांसदों से मेल-मुलाक़ात ने मुझे देश के अलग-अलग हिस्सों की खासियत से परिचित कराया।

पहली मीटिंग बिहार के सांसदों के साथ हुई। सदस्य आंकड़ों की प्रस्तुति को लेकर जोश में थे और मैंने सदस्यों के जोश से खुद को उत्साहित महसूस किया। इस प्रस्तुति में बिहार से जोड़ कर समूचे देश के विकास को दिखाया गया था। इसमें बिहार की क्षमताओं का संकेत था जिन के सहारे बिहार विकास के बड़े लक्ष्य छू सकता था। जब हमने इस मीटिंग की अवधि एक घंटे से बढ़ा कर डेढ़ घंटे कर दी, तब भी सुखद अनुभव यह था कि मीटिंग खत्म होने के बाद, और प्रश्नोत्तर सत्र के खत्म होने के बाद भी बहुत-से सदस्य अपने राज्य के आंकड़ों को रुचिपूर्वक देखते-समझते रहे। इन बैठकों का ब्यौरा, दस्तावेज़ों सहित रिकार्ड में रखा गया।

निजी तौर पर मैंने इन बैठकों का एक-एक पल रुचिकर पाया। यह मेरे लिये हर एक क्षेत्र की जानकारी से सम्पन्न असली शिक्षा जैसे थे। हमारी प्रस्तुतियों में दूरस्थ क्षेत्रों के सांसदों द्वारा भेजी गयी जानकारी भी शामिल की गयी थी। बहुत-से सदस्यों ने मुझे बताया कि यह आँकड़े और प्रस्तुति उनके लिये उपयोगी हैं। दरअसल, यह ब्यौरे और विचार-विमर्श मेरे और सांसदों के बीच प्रमुख संवाद-सेतु बने और मेरे राष्ट्रपति पद से मुक्त होने के बाद भी बने रहे। अभी भी, जब हम उनसे मिलते हैं तो विकास का प्रसंग हमारे बीच बातचीत और विचार-विमर्श का विषय बन जाता है।

अनेक विशेषज्ञों की राय के आधार पर भारत-2020 के उद्भव ने मेरा ध्यान सामाजिक परिवर्तन के बहुत-से पक्षों की ओर आकर्षित किया। राज्यों के वह विवरण, जो हमें नाश्ते की बैठकों के दौरान सांसदों से मिले, उसमें भी मुझे प्रगति सम्बन्धी बहुत नई और उपयोगी बातें जानने को मिलीं। सांसदों ने मुझे बहुत-से बहुमूल्य विचार दिए। मैंने नौ बार संसद में भारत-2020 की संकल्पना पर अपना वक्तव्य रखा और बारह राज्य विधान सभाओं में उस राज्य से संबंधित समृद्धि के रास्ते की चर्चा की। इन बैठकों में सांसदों से जिन प्रश्नों और सुझावों से मेरा आमना-सामना हुआ उनसे यह पता चलता

है कि राज्य के विकास के लिये किस क्षेत्र में किस संसाधन की ज़रूरत है, जैसे जल-संसाधन, रोज़गार के अवसर, जन-स्वास्थ्य केन्द्रों की स्थापना, ग्रामीण क्षेत्रों के आपसी जुड़ाव की व्यवस्था और शैक्षिक व्यवस्था में सुधार। जब मैंने भारत-2020 की संकल्पना पर राष्ट्रीय और राज्यस्तरीय कॉमर्स और उद्योग चैम्बर्स, प्रबंधन संस्थानों और टेक्नीकल संस्थानों से 2020 की संकल्पना सिद्ध करने पर बात की तो मैंने सांसदों से प्राप्त इन्हीं आंकड़ों को सामने रखा। बाद में इसी संकल्पना के अगले क्रम में, तार्किक रूप से विकसित दस स्तंभों का विचार स्थापित किया गया। आज जब मैं विशेषज्ञों, व्यावसायिक दिग्गजों और शोध में लगे लोगों से बात करता हूँ तो मैं उन्हें बताता हूँ कि विकास के इन दस स्तंभों की परिकल्पना में नए विचारों से वे कैसे योगदान दे सकते हैं।

वह दस स्तंभ यह हैं :

1. एक राष्ट्र जिसमें ग्रामीण और शहरी क्षेत्रों के बीच का अंतर कम से कमतर हो जाए।
2. एक राष्ट्र जिसमें ऊर्जा और अच्छे पानी का पर्याप्त और सुचारु वितरण हो।
3. एक राष्ट्र जिसमें कृषि, उद्योग और सेवा के क्षेत्र एक साथ एक सुर में काम करें।
4. एक राष्ट्र जिसमें मूल्य-आधारित शिक्षा से, किसी मेधावी प्रत्याशी को सामाजिक और आर्थिक आधार पर वंचित न किया जाए।
5. एक राष्ट्र जो योग्य विद्यार्थियों, वैज्ञानिकों और निवेशकों को अपने लिये सर्वश्रेष्ठ लगे।
6. एक राष्ट्र जिसमें अच्छी चिकित्सा-सुविधा सबको उपलब्ध हो।
7. एक राष्ट्र जिसमें प्रशासन और प्रबंधन संवेदनशील, पारदर्शी और भ्रष्टाचार से मुक्त हों।
8. एक राष्ट्र जिसमें गरीबी न हो, निरक्षरता न हो, स्त्रियों और बच्चों के प्रति अपराध न हो और समाज का कोई भी वर्ग अलगाव महसूस न करे।
9. एक राष्ट्र जो समृद्ध, स्वस्थ, सुरक्षित, शांतिमय तथा प्रसन्न हो तथा ऐसे विकास के रास्ते पर चल रहा हो, जो संजोए रखा जा सकता हो।
10. एक राष्ट्र जो रहने के लिये सर्वश्रेष्ठ हो और जिसे अपने नेतृत्व पर गर्व हो।

नाश्ते पर होने वाली इन बैठकों से यह भी जानकारी मिली कि पार्टी-पक्षपात से हट कर देश के नेता कैसे विकास के मुद्दों पर बात कर सकते हैं। वास्तव में, राष्ट्रपति भवन ही एकमात्र ऐसा स्थान है जहाँ दलगत मतान्तर खत्म हो जाता है और प्रत्येक सांसद राष्ट्रहित को एक सम्पूर्ण इकाई के रूप में देखता है।

राष्ट्रपति भवन में सांसदों के साथ बैठकों के अलावा, मुझे दोनों सदनों को संबोधित करने का मौका दस से ज्यादा बार मिला।

ऐसे संबोधन भव्य समारोह की तरह होते हैं। और उनमें मुझे हर बार, खचाखच भरे हुए हॉल में बेहद शांतिपूर्वक सुना गया। मेरे सांसदों से दो तरह के संवाद होते थे। एक तो पूरी तरह सरकारी, जैसे बजट सत्र के वह पांच भाषण जो मैंने दिए। दूसरे वह जिनमें मेरे विचार और विकल्प कहे गये। मैंने तो सरकारी भाषणों में भी अपने कुछ ऐसे विचारों के लिये जगह बनाई जिन पर मैं बात करना चाहता था। वाजपेयी जी और डॉ. सिंह, दोनों ने ही मेरे सुझावों को स्वीकृति दी।

मैंने इस मंच से सांसदों से इस पर भी चर्चा की, कि राष्ट्र के प्रति उनकी क्या ज़िम्मेदारी है। वर्ष 2007 में देश के 1857 में लड़े गए प्रथम स्वातंत्र्य संघर्ष का 150वां स्मरणोत्सव मनाते समय मैंने अपने भाषण में सांसदों को बताया था कि उनकी अपने चुनाव-क्षेत्र, अपने राज्य और अपने देश के प्रति क्या ज़िम्मेदारियां हैं। मैंने कहा था, 'सच्ची स्वतंत्रता और स्वाधीनता के लिये हमारा आंदोलन अभी भी पूरा नहीं हुआ है।...सांसदों और विधायकों के लिये अब और समय आ गया है कि वह नये संकल्प और नेतृत्व के साथ देश को न केवल, सम्पन्न, एकताबद्ध, सामंजस्यपूर्ण, विपुल एवं समृद्ध करें बल्कि इसे सुरक्षित राष्ट्र, किसी भी अतिक्रमण तथा सीमा पार से घुसपैठ के लिये अभेद्य बनाएँ।

राष्ट्रीय नेतृत्व को अपने जनमानस में, अपने नये राष्ट्रीय कार्यक्रमों और समयबद्ध लक्ष्यों के ज़रिये, विश्वास जगाना चाहिए। निश्चित रूप से भारत अधिकारपूर्वक, अपने पिछले साठ वर्षों में जुटाई आर्थिक, सामाजिक और राजनीतिक उपलब्धियों पर गर्व कर सकता है। लेकिन हम अपनी पिछली उपलब्धियों पर गर्वित होते हुए अपनी उन ताज़ा सचाइयों से मुंह नहीं मोड़ सकते, जो तकनीक, उद्योग और कृषि के क्षेत्रों में बदलाव की मांग कर रही

हैं। बहुत-सी चुनौतियां हैं जिनका मुकाबला किया जाना है। कई राजनीतिक दलों से मिल कर बनी गठबंधन सरकारों की जगह, दो दलों वाला राजनीतिक तंत्र, मज़बूत आतंरिक सुरक्षा तंत्र की ज़रूरत, जो वैश्विक आतंकवाद का सामना करे तथा कानून और व्यवस्था की नई तरह की समस्याओं से निपटे। उच्च उपज के बावजूद देश में आर्थिक विषमता की चौड़ी होती जा रही खाई, व्यापक और संवेद्य समृद्धिसूचक तंत्र का अभाव, केवल 'ग्रॉस डोमेस्टिक प्रोडक्ट' जी.डी.पी. (सकल घरेलू उत्पाद) का मापन, तेज़ी से घटता जा रहा वैश्विक खनन ईंधन का भण्डार। इसके लिये निरपेक्ष ऊर्जा कार्यक्रमों की आवश्यकता तथा हमारी सीमांत सुरक्षा टुकड़ियों पर बढ़ते जा रहे नये सामरिक शिल्प के खतरे...।

मैंने यह भी कहा—सम्माननीय सांसदो, विशेष रूप से युवा सदस्यो, जब भी मैं आप सब को देखता हूँ, मुझे आप में महात्मा गांधी, डॉ. राजेन्द्र प्रसाद, पंडित जवाहरलाल नेहरू, सरदार पटेल, सुभाष चंद्र बोस, डॉ. अम्बेडकर, अबुल कलाम आज़ाद, राजाजी और राष्ट्र के अनेक बड़े स्वप्नद्रष्टाओं की छवि नज़र आती है। क्या आप भी ऐसे संकल्पवान नेता बन सकते हैं जो राष्ट्र को खुद से ऊपर रख कर सोचें? क्या आप भारत के लिये उन जैसा बन सकते हैं? जी हां, आप बन सकते हैं। बशर्ते आप अपने भीतर संसद का स्पंदन महसूस करते हुए देश को वह नेतृत्व प्रदान करें जिस से भारत-2020 के पहले आर्थिक रूप से समृद्ध, खुशहाल, मज़बूत और सुरक्षित राष्ट्र बन जाए। माननीय सदस्यो, यह सब होने के लिये आपको अपने लिये बड़ा लक्ष्य चुनना होगा और संसद में तथा बाहर, उस पर काम करना होगा। इतिहास तब आपको याद करेगा कि आपने देश के हित में एक निर्भीक कदम उठाया और छोटे तथा खंडित मसलों को परे छोड़ते हुए आप बड़े लक्ष्य की ओर बढ़े।

~

भारत-2020 के अभियान के दौरान मेरा संपर्क सांसदों और विधायकों से लगातार हो रहा था। इसी क्रम में मुझे यह भी ज़रूरी लगा कि मैं राज्यपाल के कार्यालय का भी उपयोग करूँ। राज्यपाल का कार्यालय भी उसी लक्ष्य के लिये काम करने वाला एक संवैधानिक स्थल है। इस दृष्टि से 2003 और 2005 में राष्ट्रपति भवन में आयोजित राज्यपालों के सम्मेलनों का महत्त्वपूर्ण योगदान रहा।

2003 का सम्मेलन प्रधानमंत्री वाजपेयी की वचनबद्धता के आलोक में हुआ था जिसमें उन्होंने पिछले वर्ष लाल किले से और संसद में यह आश्वासन दिया था कि भारत 2020 तक विकसित देशों में शामिल हो जाएगा। 2005 के राज्यपाल सम्मेलन में प्रधानमंत्री मनमोहन सिंह ने भी भारत को इसी दिशा में ले जाने की इच्छा जताई थी।

सम्मेलनों में दिए गये प्रभावशाली भाषण भुला दिए जाते हैं, लेकिन मैंने वहां जो कहा गया उसे मूल्यवान मानते हुए यही याद रखा कि यह विकास की ओर तेज़ी से बढ़ते जाने के संकेत हैं। वाजपेयी ने कहा कि प्रशासन तंत्र के हर एक खंड को विकास की आवश्यकता को पहचानना चाहिए, खास तौर पर यह कदम हमें अपने लक्ष्य तक तयशुदा जल्दी ही पहुंचाएगा। उन मुश्किलों को देखते हुए जो संयुक्त लक्ष्य के हित में अलग-अलग विभागों को उत्साहित करने में आती हैं, मुझे यह बात उत्साहजनक लगी। भाग ले रहे राज्यपालों ने भी इस अवसर पर बोलते हुए किसी निषेध के न होने का संकेत दिया। वह खुल कर बोले। कुल मिला कर, ऐसा परिवेश बना जिसमें सभी भागीदारों ने समस्या और उनके हल पर बातचीत की।

2005 के सम्मेलन में डॉ. मनमोहन सिंह अपने सभी कैबिनेट मंत्रियों के साथ शिक्षा, आतंकवाद, आपदा-प्रबंधन तथा 'वैल्यू ऐडेड टेक्सेशन' (वैट) लागू करने के मुद्दे पर बात करने के लिये उपस्थित थे और उनकी विचार-विमर्श योजना राष्ट्रपति कार्यालय द्वारा दिये गये प्रावधान के अनुकूल थी। बहुत-से क्षेत्रों में विकास प्रबंध के काम में राज्यपालों के योगदान की प्रशंसा करते हुए प्रधानमंत्री ने आश्वासन दिया कि वह और उनके सहयोगी, राष्ट्रपति के प्रेरक दिशा-निर्देश के अनुसार इस लक्ष्य पर काम करेंगे। यह सब मैं यह समझाने के लिये कह रहा हूँ कि किस तरह राष्ट्रपति कार्यालय मेरे लिये मेरे प्रिय लक्ष्य के हित में एक मंच बना।

~

भारत में निचली अदालतों, उच्च न्यायालय और सर्वोच्च न्यायालय में लंबित मुकदमों की गिनती बहुत बड़ी है। उसके बाद नये मुकदमे आने और दर्ज होने के बाद यह गिनती लाखों में पहुँच गयी है। जो लोग इन मुकदमों में संलग्न हैं वह धन, समय और तकलीफों का भारी दौर झेल रहे हैं।

2005 में मुझे एक अखिल भारतीय सेमिनार में बोलने का अवसर मिला, जिसका विषय था, अदालतों में लंबित मुकदमों के निपटारों के ज़रिये न्याय-तंत्र में सुधार। तब मैंने 'नेशनल लिटिगेशन पेंडेंसी क्लिअरेंस मिशन' (एन.एल. पी.सी.) का ज़िक्र किया था। इसमें मेरा आशय एक ऐसे अभियान से था जो अदालतों में लंबित मुकदमों को तेज़ी से निपटाने का संकल्प ले। मैंने देर से न्याय मिलने के कारणों का विश्लेषण किया और यह कारण बताए : 1. अपर्याप्त न्यायालय 2. अपर्याप्त न्यायिक अधिकारी 3. न्यायिक अधिकारियों के पास संसाधनों-सूचनाओं की कमी 4. आरोपियों और उनके वकीलों द्वारा दस्तावेज़ देने में देरी और इस तरह तारीख टालना 5. न्यायालय में प्रशासन की भूमिका।

अपने विश्लेषण के आधार पर मैंने सुझाव दिया कि विवादों का निपटारा मानवीय सोच के आधार पर किया जाए—लोक-अदालतों को और सशक्त बनाया जाए, एन.एल.पी.सी. की शुरुआत, विवादों के हल की वैकल्पिक विधि समझौते और 'द्रुत अदालतों' ('फास्ट ट्रैक कोर्ट') का गठन किया जाए।

मैंने दूसरे और कई तरीके बताए, जो खास तौर से उच्च न्यायालय में लंबित मुकदमों से संबंधित थे। इनमें एक था कि लंबित मुकदमों को उनके लंबित समय के आधार पर श्रेणीबद्ध किया जाए। और उन मुकदमों की पहचान की जाए जिनमें वर्तमान पीढ़ी के प्रतिनिधि मुकदमे को आगे बढ़ाने में रुचि नहीं रखते हों।

इन सब सुझावों में इलेक्ट्रॉनिक न्याय व्यवस्था लागू करना सबसे अधिक बुनियादी सुझाव था। इस सन्दर्भ में मैंने कहा कि पहले सक्रिय मुकदमों को उनके समयगत आधार पर कम्प्यूटर में डाल लिया जाए। इससे उन मुकदमों की गिनती ज़रूर घट जाएगी जो अभी तक लंबित हैं। हमारे पास यह आंकड़ा होने की ज़रूरत है जो मुक़दमे को उसके शुरू होने की तारीख से ले कर फैसला सुने जाने तक का ब्यौरा रखे। इस इलेक्ट्रॉनिक तंत्र से किसी भी मुकदमे की खोज, ज़रूरत पर उसे फिर से देखे जाने की कोशिश, उसे किसी और मुकदमे से जोड़ कर देखने का काम, किसी के कानूनी रिकार्ड को तलाशने का काम और मुकदमे का निपटारा— यह सब जल्दी करना सरल और पारदर्शी हो जाएगा। शिकायत करने वाला कभी भी यह देख पाएगा कि उसका मुक़दमा किस दौर में है और आगे किस अदालत में उसकी सुनवाई होनी है। वह

यह भी जान पाएगा कि अदालत किस मुद्दे पर जिरह करेगी। इससे वह पहले से ही तैयार हो कर आएगा। इस से पूरी पारदर्शिता तो आएगी ही, इस से जज को भी यह पता करने में सरलता होगी कि मुकदमे में कितनी बार तारीख बढ़ाने की अर्ज़ी दी गयी है, उनके कारण क्या थे, वह कितने ठीक थे। जज को इस जानकारी से फैसला देने में मदद मिलेगी।

इसके साथ ही, मुकदमे की वीडियो कॉन्फ्रेंसिंग का भी प्रयोग किया जा सकता है। इससे वह अनावश्यक खर्च और भागदौड़ बचेगी जो पुलिस को अभियुक्तों के साथ करनी पड़ती है।

वीडियो कॉन्फ्रेंसिंग इन मुकदमों में तो बहुत उपयोगी सिद्ध होगी जिनमें एक से अधिक अभियुक्त दर्ज हैं। गवाह की पहचान अपराध की कड़ियाँ जोड़ने के काम में भी 'इन्फॉरमेशन एण्ड कम्यूनिकेशन टेक्नोलॉजी' (आई.सी.टी.) बहुत उपयोगी हो सकती है।

बहुत-से देश जैसे सिंगापुर और ऑस्ट्रेलिया, 'इण्टरनेट अदालतों' के साथ-साथ कानूनी सलाह सेवाओं को आज़मा रहे हैं। जो कानूनी बारीकियां बताते हुए मुकदमों के ब्यौरे मुवक्किल को बताती हैं। यह मुवक्किल के लिये एक स्वैच्छिक सेवा है। सभी मुकदमों में आई.सी.टी. के ज़रिये मुकदमों का निपटारा तेज़ी से हुआ है और इनमें किसी धोखाधड़ी की गुंजाइश नहीं है। यह कुल व्यवस्था मुकदमों का न्यायपूर्ण निपटारा तेज़ी से करेगी।

अंततः, मैंने निम्नलिखित नौ सुझाव भी दिए ताकि हमारी न्यायिक व्यवस्था नागरिकों को यथासमय न्याय दिला सके :

1. न्यायाधीश और बार के सदस्य इस बात पर गम्भीरता से विचार करें कि इसकी एक सीमा निर्धारित हो जानी चाहिए कि किसी मुकद्दमे को कितनी बार तारीख दी जा सकती है।
2. ई-जुडिशियरी की प्रणाली सभी अदालतों में लागू होनी चाहिए।
3. मुकदमों को उनके तथ्यों और संबंधित कानून के अनुसार वर्गीकृत किया जाए।
4. विशेष शाखाओं, जैसे सेना के कानून, सेवा के मामले, टैक्स, साइबर कानून आदि के मामलों के लिये इन क्षेत्रों के विशेषज्ञों को बतौर जज नियुक्त किया जाए।
5. सभी यूनिवर्सिटिज़ में कानूनी शिक्षा के स्तर में सुधार हो और उन्हें (विदेशों के) लॉ स्कूलों के स्तर पर लाया जाए।

6. अनावश्यक कारणों पर तारीख बढ़ाने और झूठे मुकदमे दायर करने पर भारी दण्ड की व्यवस्था हो।
7. ज़िला और उच्च न्यायालयों के जज भी सर्वोच्च अदालत को सुझाया मॉडल अपनाएं और निपटाए जाने वाले मुकदमों की संख्या उसके अनुसार बढ़ाएँ, इसको पूरा करने के लिये सामान्य दिनों में और शनिवार को अतिरिक्त घंटे स्वैच्छिक रूप से काम करें।
8. अदालतों में एक से अधिक सत्र चलाए जाएँ जिनके समय में अंतर हो। इससे क्षमता का बेहतर उपयोग होगा, अतिरिक्त जनशक्ति मिलेगी, बेहतर प्रबंधन होगा।
9. एन.एल.पी.सी. का गठन, दो वर्ष के लिये किया जाए जिसमें वह समयबद्ध ढंग से लंबित मुकदमों का निपटारा करें।

कुछ समय बाद मैंने पाया कि हमारे न्यायिक तंत्र ने इन सुझावों पर विचार किया है और इन्हें धीरे-धीरे लागू करना भी शुरू किया है। उदाहरण के लिए, यह जान कर मुझे खुशी हुई कि एक बहुत समय से लंबित तलाक का मुक़दमा वीडियो कॉन्फ्रेंसिंग के ज़रिये निपटाया गया। इसमें पति भारत में था और उसकी पत्नी अमेरिका में।

~

भारत के पास दुनिया की सबसे अच्छी सशस्त्र सेना है, वफादार, साहसी, और अनुशासित। देश का राष्ट्रपति सशस्त्र सेना का सर्वोच्च कमांडर है। उस क्षमता में, मैं यह जानने के लिये बहुत उत्सुक था कि हमारे सेनानी किस परिवेश में काम करते हैं, उनकी तैयारी का स्तर क्या है, उनकी समस्याएँ और कठिनाइयाँ क्या हैं। इस जिज्ञासा के साथ मैं थल सेना, वायु सेना और नौसेना की कई इकाइयों में गया। मेरी अधिकारियों और जवानों से जो बातचीत हुई उसने मुझे प्रेरित किया कि मैं इन इकाइयों के दुर्गम क्षेत्रों में जाऊं। इस तरह, मैंने सबसे पहले सियाचिन ग्लेशियर की कुमार चौकी जाने का निर्णय लिया। यह दुनिया का सबसे ऊंचा लड़ाई का मैदान है, जहाँ हमारे जवान भयंकर सर्दी में डटे रहते हैं। मैंने विशाखापत्तनम के सागरतट से दूर समुद्र की सतह के नीचे जा कर देखा। मैं सुखोई-30 एम.के.आई. विमान में उड़ा, जिसकी गति

आवाज़ की गति से करीब दुगुनी थी। मुझे यह अनुभव उत्तेजक लगे और मैं इन्हें आपके साथ बांटना चाहूँगा।

~

मेरा जहाज़ 2 अप्रैल, 2004 को सियाचिन ग्लेशियर की कुमार चौकी पर उतरा। यह चौकी समुद्र तल से सात हज़ार मीटर की ऊँचाई पर स्थित है। उस समय वहां पर बर्फबारी हो रही थी, तापमान शून्य से 35 डिग्री सेल्सियस नीचे था और तेज़ हवा चल रही थी। जब मैं फील्ड स्टेशन पर पहुंचा वहां पर तीन जवान तैनात थे, नाइक- कर्नाटक से, विलियम- पश्चिम बंगाल से और सलीम उत्तरप्रदेश से थे। इन्होंने मुझसे हाथ मिलाया। इनके हाथ मिलाने में वह गर्मजोशी थी कि मौसम की सर्दी दूर हो गयी। इसने मुझे भरोसा दिया कि हमारा राष्ट्र उन सिपाहियों के हाथ में सुरक्षित है जो इस कठिन वातावरण में हमारी रक्षा कर रहे हैं। इतनी कठिन परिस्थिति में फौजियों में इस स्तर का विश्वास बनाए रखने के लिये असाधारण तरह की नेतृत्व-क्षमता चाहिए।

~

13 फरवरी, 2006 को मैंने भारतीय नौसेना की पनडुब्बी 'आई.एन.एस. सिन्धुरक्षक' से समुद्र की सतह से नीचे की यात्रा की। पनडुब्बी ने सतह से करीब तीस मीटर नीचे गोता लगाया, उसके बाद सीधे आगे जाने लगी। मैंने वहां कंट्रोल रूम देखा। वहां मुझे पनडुब्बी के काम करने का ढंग बताया गया, जिसमें पनडुब्बी का चलना, घूमना और पानी में तैरने का ढंग उत्साहपूर्वक बताया गया। यह मेरे लिये एक रोमांचक अनुभव था। मेरे साथ नौसेना के प्रमुख एडमिरल अरुण प्रकाश और युवा अधिकारी तथा नाविक थे। इसी क्रम में मुझे समुद्र की सतह के नीचे से होने वाली संचार व्यवस्था, लक्ष्य पर निशाना साधना और गतिमान होने जैसे तंत्र समझाए गये। इसके बाद एक तारपीडो (समुद्री प्रक्षेपास्त्र) छोड़ कर एक नकली मुठभेड़ के ज़रिये मुझे सामरिक क्षमता का प्रदर्शन दिखाया गया। तारपीडो ने मार कर लौटने की अद्भुत क्षमता का प्रदर्शन किया। इस अवसर पर मुझे पानी के भीतर युद्ध शैली की जटिलता का अंदाज़ा हुआ। उस जलपोत में मैं नब्बे अधिकारियों और नाविकों से मिला। सब अपने-अपने काम में व्यस्त थे। उनका काम सरल नहीं है लेकिन उन्हें

अपने इस चुनौतीपूर्ण लक्ष्य पर गर्व है। मुझे वहां स्वादिष्ट शाकाहारी भोजन दिया गया और फिर नौसेना की पनडुब्बियों के अगले तीस वर्षों की योजना का प्रस्तुतीकरण दिया गया। तीन घंटे के समुद्र के नीचे का अनुभव ले कर हम तट पर वापस लौटे। यह सचमुच एक यादगार यात्रा थी।

~

8 जून, 2006 को मैंने सुखोई-30 लड़ाकू विमान में एक उड़ान भरी। एक रात पहले विंग कमांडर अजय राठौर ने मुझे यह सिखाया कि कैसे उड़ना है। उन्होंने सिखाया कि कैसे जहाज़ को उड़ाया और हथियारों का नियंत्रण रखा जाता है। कुछ ऐसा ही करने की मेरी तमन्ना वर्ष 1958 से थी, जब मैं इंजीनियर बना था। जैसे ही हमने अपनी पेटी कसी, सुखोई चल पड़ा और 7500 मीटर यानी 25000 फिट की ऊँचाई पर पहुँच गया। उसकी गति 1200 किलोमीटर प्रति घंटे से अधिक थी। विंग कमांडर अजय राठौर ने कुछ घुमाव और कलाबाज़ियां दिखाईं। लड़ाकू विमान उड़ाना एक गहरा अनुभव हो सकता है। मैंने करीब 3Gs (G-Suit) गुरुत्त्वाकर्षण बल महसूस किया, निश्चित रूप से हम जी-सूट पहने हुए थे जिससे हम ब्लैक आउट में जाने से बचे हुए थे। उड़ान के बीच में मैंने विभिन्न तंत्रों को समझने की कोशिश की जिन्हें भारतीय वैज्ञानिकों ने विकसित कर के विमान में स्थापित किया था। मैं विमान में प्रयुक्त देशज कंप्यूटर, राडार चेतावनी सूचक तथा अन्य महत्त्वपूर्ण यंत्र देख कर बहुत खुश हुआ। मुझे दिखाया गया कि कैसे हवा में उड़ते हुए ज़मीनी लक्ष्य पर, विशेष यंत्र (सिंथिटिक अपर्चर राडार) से निशाना साधा जाता है। हमारी उड़ान छत्तीस मिनट से ज़्यादा की थी। मुझे लगा कि मेरा एक बहुत पुराना मनचाहा सपना पूरा हुआ।

मुझे अपने पैरामिलिटरी फ़ोर्स के सदस्यों से, केन्द्र तथा राज्य के पुलिस कर्मियों से और आतंरिक सुरक्षा बल के लोगों से भी मिलने का मौका मिला है। उनकी बहादुरी और उनके समर्पण भाव ने मेरे ऊपर गहरी छाप छोड़ी है।

एक राष्ट्रपति के रूप में मुझे देश-भर के सभी वर्ग के लोगों से मिलने का अवसर मिला। इससे मैं लोगों को समझ पाया। उनकी मुश्किलों और उनके जीवन की आकांक्षाओं और चुनौतियों से अवगत हुआ। उतना ही महत्त्वपूर्ण है कि मैं लोगों को एक साझा राष्ट्रीय मंच पर ला सका।

5

मैं राष्ट्र को क्या दे सकता हूँ?

संकल्पना से राष्ट्र सम्पन्न होता है

मैं राष्ट्र को क्या दे सकता हूं? दूसरे देशों की नज़र में गौरव और सम्मान। अपने देश के एक अरब देशवासियों के चेहरे पर मुस्कान। यह केवल आर्थिक विकास और शिक्षा के माध्यम से हासिल हो सकता है। गरिमा पाने का सबसे बड़ा रास्ता शिक्षा है। त्यागवृत्ति के अभ्यास से ही देशवासी विकास की मुख्यधारा में आ सकते हैं।

राष्ट्रपति को देश को संबोधित करने का शुभ अवसर स्वतंत्रता दिवस की पूर्व संध्या को और गणतंत्र दिवस को मिलता है। इन दो अवसरों पर वह देश को किये गये विकास कार्यों से परिचित कराता है और उन चुनौतियों का भी ज़िक्र करता है जो सामने हैं।

यह व्याख्यान पहले अंग्रेज़ी में होता है, फिर हिन्दी में। वैसे, हाल के दिनों में मैंने यह अभ्यास किया है कि मैं अभिवादन और उसके बाद अपने भाषण का सार-संक्षेप हिन्दी में बताता हूँ।

जब मैं राष्ट्रपति बना था तब मेरी हिन्दी बहुत अच्छी नहीं थी। फिर भी मुझे लगा कि भाषण के बीच में थोड़ा-सा हिन्दी का पुट श्रोताओं के बड़े समूह को अच्छा लगेगा।

गणतंत्र दिवस का भाषण हमेशा विषय-केंद्रित होता है। भाषण की तैयारी सामान्यतः काफी पहले शुरू हो जाती है। हम विषय तय करते हैं। फिर दूसरे विभागों से संबंधित जानकारी जुटाते हैं, और खुद उस विषय पर अंतरराष्ट्रीय प्रसंग इकट्ठा कर के भाषण में जोड़ते हैं। संबंधित विशेषज्ञों को प्रश्नावली

भेजी जाती है। उसके बाद प्राप्त हुई सारी सूचनाओं का मिलान किया जाता है। भाषण के कई मसौदे तैयार किये जाते हैं। अगर इसके दस या उससे अधिक ड्राफ्ट भी बनें तो हैरत की बात नहीं है। वर्ष 2004 में गणतंत्र दिवस का विषय था, करोड़ों चेहरों पर मुस्कान और केन्द्र बिन्दु था जीवन-मूल्य। इसके दस ड्राफ्ट बने थे। 14 अगस्त, 2005 के भाषण का विषय था, ऊर्जा की आत्मनिर्भरता। उस भाषण के पन्द्रह ड्राफ्ट बनाने पड़े। सच कहूँ तो सबसे ज्यादा ड्राफ्ट तो मेरे ही भाषण के बने। 25 अप्रैल, 2007 को मुझे यूरोपियन पार्लियामेंट को संबोधित करना था, इस भाषण का ड्राफ्ट इकत्तीस बार बनाया गया।

अपने कार्यकाल में मैंने दस बार राष्ट्र को संबोधित किया। इन भाषणों के विषय बहुत महत्त्वपूर्ण थे। इन भाषणों में परिकल्पना को लक्ष्य में ढालने की बात केंद्रित थी। ऐसे विषय भी थे, जैसे क्या याद रह जाएगा, मानव जीवन की गरिमा के लिये शिक्षा, रोज़गार के अवसर तैयार करने के लिये कार्य-योजना, एक अरब लोग : एक संकल्पना, राष्ट्रीय जागरण, और मैं राष्ट्र को क्या दे सकता हूँ? यह सारे विषय एक ही मूल विचार से निकलते हैं, वह है, भारत का विकसित देश के रूप में उद्‌भव। यह सन्देश नागरिकों और कारोबारी लोगों तक पहुंचा और इस पर चर्चा शुरू हो गई और अपने-अपने क्षेत्र में इसके लिये कार्य-योजना बनने लगी। उदाहरण के लिये, रोज़गार के अवसर पैदा करने के सन्दर्भ में जब मैंने देश में जट्रोफा के पेड़ लगाने का प्रस्ताव रखा तो राज्यों ने इसे एक अभियान की तरह स्वीकार किया और लाखों हेक्टेयर ज़मीन में यह पेड़ रोपे गये। इसके अलावा, हमारे विशेषज्ञों ने अफ्रीका के देशों में इस पेड़ की विधि समझाई और फिर हमारे किसानों के साथ मिल कर उन्होंने यह फसल विकसित की जिससे वे जैविक ईंधन पा सकें। यह पेड़ बंजर भूमि में भी उगाया जा सकता है, एक बार उग जाने पर पचास साल का जीवन जीता है। हर साल इसमें फल आता है। इसके फल के बीज से तेल प्राप्त होता है जो डीज़ल में मिलाया जा सकता है।

शिक्षा के क्षेत्र में, विद्यार्थियों के अलग परीक्षा मूल्यांकन के तरीकों पर विचार से सालाना परीक्षा के दबाव से मुक्ति दिलाते हुए, नया नियम बना और सेन्ट्रल बोर्ड ऑफ सेकेंडरी एजुकेशन (सी.बी.एस.ई.) ने अंक देने के बजाय ग्रेड देने की प्रथा शुरू कर दी। इस से विद्यार्थियों को अपने नंबरों के प्रति आतुरता से छुटकारा मिला और स्वस्थ प्रतियोगी वातावरण बना।

ऊर्जा आत्मनिर्भरता के सन्दर्भ में मैंने सुझाव दिया कि भारत 2030 तक पचपन हज़ार मेगावाट बिजली सौर ऊर्जा प्लांट से तैयार करने की व्यवस्था कर सकता है। भारत के ऊर्जा परिदृश्य को समग्र दृष्टि से देखे जाने की ज़रूरत है। भारत कोयले की कुल ज़रूरत का केवल अस्सी प्रतिशत अंश जुटा पा रहा है। बिजली की खपत प्रति वर्ष पांच प्रतिशत की दर से बढ़ती जा रही है, जब कि कोयले के उत्पादन में बस एक प्रतिशत की सालाना बढ़ोतरी मिल रही है। देश-भर में पावर कट चल रहा है और कहीं-कहीं तो बिजली की कटौती आठ घंटे की है। इसलिये देश में वैकल्पिक व्यवस्था विकसित करने की बेहद ज़रूरत है।

इसी तरह, पर्यावरण के हित में, हमें कोयले, तेल या गैस पर निर्भर पावर उत्पादक संयंत्रों से बचना चाहिए। इस बात पर ज़ोर देने की ज़रूरत है कि हम सौर ऊर्जा, पवन ऊर्जा, नाभिकीय ऊर्जा और पानी अर्थात हाइड्रो तंत्र पर केंद्रित हों। सरकार ने घोषणा की है कि वह वर्ष 2020 तक बीस हज़ार मेगावाट सौर ऊर्जा की क्षमता विकसित कर लेगी। सौर ऊर्जा के विकास से जुड़े कुछ मुद्दे और भी हैं। जैसे, अभी हमारे पास सौर ऊर्जा उत्पादन में प्रयुक्त, फोटोवोल्टिक सेल केवल पन्द्रह प्रतिशत दक्षता देते हैं। इसे कम से कम पचास प्रतिशत तक बढ़ाने की ज़रूरत है जिसके लिये किसी अन्य उपयुक्त पदार्थ की खोज की जानी है। साथ ही इस पर भी काम हो, कि सौर ऊर्जा का उत्पादन तो दिन में जब सूर्य का प्रकाश हो तब होगा। रात के लिये जैविक ईंधन की व्यवस्था हो, ताकि बिजली की निरंतरता बनी रहे। गुजरात सरकार ने निजी क्षेत्र के साथ मिल कर छह सौ मेगावाट क्षमता का सौर ऊर्जा प्लांट लगाया है जिससे प्रतिदिन तीस लाख यूनिट बिजली का उत्पादन हो रहा है। राज्य सरकार को यह बिजली पन्द्रह रुपये प्रति यूनिट की दर से मिल रही है।

आज राज्य सरकार और केंद्र सरकार दोनों की ही संकल्पना है कि भारत आर्थिक रूप से विकसित राष्ट्र बन जाए। उनका यह लक्ष्य पूरे देश के नागरिकों तक पहुँच चुका है।

इन उदाहरणों के ज़रिये यह समझा जा सकता है कि राष्ट्रपति पूरी तरह से, अपने नागरिकों से संवाद करने में सशक्त है और वह उन पर वह प्रभाव बना सकता है जो देश के लिये उपयोगी है।

~

राष्ट्र के नाम संबोधनों के अतिरिक्त मेरे वह भाषण भी हैं जो मैंने सांसदों को दिए हैं।

वर्ष 1999, 2000, 2001 और 2002 के लिए श्रेष्ठ सांसदों को पुरस्कृत करते समय 21 मार्च को 2005 को अपने भाषण में मैंने कुछ ज़रूरी बातें कहीं।

मैंने कहा : स्वाधीनता और लोकतंत्र हमेशा से ही भारत की संस्कृति के अभिन्न अंग रहे हैं। दरअसल, हम प्राचीन काल के इतिहास का भी वह समय देख सकते हैं जब ग्राम लोकतंत्र के दो संस्थान—सभा और समिति, बड़े सम्मान की दृष्टि से देखे जाते थे और वे आज की हमारी लोकप्रिय संस्थाओं जैसा ही दायित्व निभाती थीं। आज़ादी पाने के बाद लोकतांत्रिक राजनीतिक व्यवस्था का हमारा चयन उसी मूल सांस्कृतिकता का विस्तार है।

हमें इस बात का गर्व है कि भारत दुनिया का सबसे बड़ा लोकतांत्रिक संसदीय व्यवस्था वाला ऐसा देश है जिसमें विविध प्रकार के धर्म, भाषा और संस्कृति का समावेश है। दुनिया-भर के लिये भारतीय मतदाताओं की दूरदर्शिता और परिपक्वता आश्चर्य का विषय है, भारतीय मतदाता ने हमेशा सचेत रूप से अपने मताधिकार का प्रयोग किया है, और यह सिद्ध किया है कि देश के संविधान के अनुकूल, जनता संप्रभुतासंपन्न है और शक्ति उन्हीं से आती है। जनता का अधिकार है कि वह विकसित देश में रहे। इस दृष्टि से विकास-केंद्रित राजनीति महत्त्वपूर्ण हो जाती है।

राजनीति के दो आयाम हैं। एक तो वह, जो राजनीतिक दलों का अपना परिवेश है, और जैसा कि हम जानते हैं, स्वतंत्रता आन्दोलनों के समय वह बहुत ज़रूरी था। लेकिन आज की ज़रूरत क्या है? देश में 26 करोड़ लोग गरीबी की रेखा के नीचे जी रहे हैं, 34 प्रतिशत जनता निरक्षर है, 36 करोड़ लोग रोज़गार की तलाश में हैं। ऐसे में हमारा अभियान यह होना चाहिए कि भारत एक विकसित राष्ट्र बने जिसमें गरीबी, निरक्षरता और बेरोज़गारी का कोई स्थान न हो।

मैं एक स्थिति की कल्पना करता हूँ जिसमें राजनीतिक दल देश में विकासशील राजनीति का परिवेश रचते हुए काम करें और प्रतियोगी भावना

के साथ अपने-अपने घोषणापत्र सामने रखें। यह कैसे होगा, मैं इसका उदाहरण दिखाता हूँ :

1. मान लो, राजनीतिक दल 'क' कहता है कि हम पंद्रह वर्ष के भीतर भारत को विकसित राष्ट्र की राह पर ला कर खड़ा कर देंगे, और वह इसके लिये अपनी पांच-पांच साल की कार्य-योजना सामने रखता है और उस पर काम करता है। दल 'ख' घोषित करता है कि वह बारह वर्षों में भारत को विकसित राष्ट्र बना देगा और उसके लिये स्पष्ट योजना का खुलासा करता है। दल 'ग' राष्ट्रीय विकास की कोई नई रणनीति उजागर करता है, जिसके लिये उसके अलग मापदंड हैं। जैसे वैश्विक क्षेत्र में देश अपनी बेहतर वैचारिक भूमिका कैसे रख पाएगा? वह एक कार्य-योजना इस लक्ष्य की रख सकता है कि इतने समय में वह भारत को संयुक्त राष्ट्रसंघ सिक्योरिटी कौंसिल की स्थायी सदस्यता उपलब्ध करा देगा।
2. एक दूसरा परिदृश्य देखें : दल 'क' कहता है कि हम देश को बेरोज़गारी मुक्त बना देंगे। वह कोई ऐसी पद्धति बताता है जिससे, रोज़गार के उपलब्ध अवसर, बेरोज़गारों की संख्या से अधिक होंगे। दल 'ख' कहता है कि वह ऐसा परिवेश रचेगा और ऐसी पद्धति लागू करेगा जिसमें अदालतों में लंबित मुकदमों की गिनती शून्य हो जाएगी, देश में कानून व्यवस्था में ऐसा सुधार होगा कि लोग सौहार्दतापूर्ण जीवन जी सकेंगे। दल 'ग' कहता है कि वह भारत में किसी को भूखा नहीं सोने देगा। उसके पास ऐसी संकल्पना है जिस से सारा संसार भारत की ओर बौद्धिक नेतृत्व के लिये देखेगा, ताकि दुनिया सुन्दर, शांतिपूर्ण और स्थिर जीवन जीने लायक बन सके। भारत का लक्ष्य विश्वशांति होगा।
3. तीसरे परिदृश्य में, दल 'क' कहता है कि हम अगले दस वर्षों में अपने पड़ोसी देशों से सारे सीमागत विवाद हल कर लेंगे। दल 'ख' कहेगा कि हम अगले पांच वर्षों में न केवल पड़ोसी देशों के साथ सारे सीमा विवाद हल कर लेंगे बल्कि हम उनके साथ सौहार्दपूर्ण संबंध विकसित कर लेंगे। दल 'ग' कह सकता है कि हम अपनी प्रयासपूर्ण शुरुआत से सीमा व्यवसाय को असीम कर देंगे। वाणिज्य से समृद्धि आती है और समृद्धि से शान्ति।

जब किसी राजनीतिक दल को अपनी विकास योजनाओं को लागू करने और सच सिद्ध करने का अवसर दिया जाएगा, उसे सब सदस्यों का अनुकूल सहयोग मिलेगा, तभी जनता को सांसदों के सत्कार्य का लाभ मिलेगा। लोकतंत्र हर एक स्त्री-पुरुष को यह अवसर देता है कि वह अपनी बेहतरीन गतिविधि से देश के सपनों को सच करने में योगदान दे सकें।

गरीबी को पूरी तरह हटाने की ज़रूरत, इस घोर प्रतिस्पर्धा और ज्ञान संपन्न परिवेश में सबको समान अवसर देने की ज़रूरत, इस जटिल दुनिया में राष्ट्र के सभी नागरिकों को सुरक्षा देने की ज़रूरत, यह सब विविध ज़रूरतें हैं जो हम पर यह दबाव बनाती हैं कि हम कुटिल राजनीति से विकासोन्मुख राजनीति की ओर कदम बढ़ाएँ।

हमारे सामने बहुत-से ऐसे राष्ट्रीय मुद्दे हैं जिन पर संकीर्ण राजनीतिक पार्टी-विचारधारा से बाहर निकल कर काम करने की ज़रूरत है। इनमें विकसित राष्ट्र होने की ओर बढ़ना, सुरक्षित पानी की व्यवस्था, निर्बाध बिजली, स्वास्थ्य सुविधा, देश के सभी नागरिकों के लिये छत, संचार व्यवस्था की योजनाएं तथा कम्प्यूटरीकरण, और राष्ट्रीय सुरक्षा के सन्दर्भ प्रमुख हैं। इन मुद्दों पर संसदीय विधान के अनुसार विचार-विमर्श के ज़रिये एकमत निर्णय, निश्चित रूप से देश को जल्दी ही विकसित राष्ट्र के स्तर तक पहुंचाएगा। अतः संसद को अपनी ऊर्जा, स्वस्थ प्रतियोगी ढंग से राष्ट्रहित में लगानी चाहिए, ताकि राष्ट्र आगे बढ़ सके।

इस तरह, संसद एक बहुत महत्त्वपूर्ण भूमिका का निर्वाह करने वाली संस्था है। इसके लिये बहुत ज़रूरी है कि हर एक सांसद उन आदर्श और अपेक्षाओं के अनुकूल काम करे जिसके लिये उसको चुन कर भेजा गया है।

फिर भी, जैसा कि मैंने सांसदों को बताया कि कुछ ऐसे कड़वे सच हैं, जिनसे हम सब परिचित तो हैं लेकिन उनके प्रति आँखें मूंदे रहते हैं। मुझे उनके बारे में आपसे बात करने में कोई संकोच नहीं होगा। क्योंकि मैं आप में से ही एक हूँ, मैं भी संसद का उतना ही भागीदार हूँ जितना कि आप—यह, आपकी तरह मेरा भी सरोकार है कि हमारी संसदीय प्रणाली सफलतापूर्वक चले। कुछ समय से हमारी चुनाव व्यवस्था बहुत चरमराई है। हम अपने प्रति ईमानदार हो कर बात करें। वोटों की गिनती की बढ़त के दबाव में, और जैसा कि आरोप लगाया जाता है, कई विधानसभा की सीटों की खरीद के

ज़रिये, या अनुचित अलोकतांत्रिक तरीके से जीत हासिल की जाती है, इन सब बातों से लोगों के मन में लोकतांत्रिक पद्धति के प्रति संदेह पैदा होता है। जब राजनीति खुद को कुटिल तिकड़म के रास्ते पर उतार देती है, तब राष्ट्र ऐसे अनर्थकारी भविष्य की ओर बढ़ने लगता है, जहाँ विपत्ति और विनाश निश्चित है। हमें ऐसे जोखिम में नहीं पड़ना चाहिए। किसी समय हम सबने आत्मपरीक्षण किया और हम अपने उन कर्णधारों की अपेक्षाओं पर खरे उतरे, जिन्होंने हमारा संविधान रचा और भारत अपना अस्तित्व बनाए रखने में सफल रहा और भारत का नाम एक परिपक्व स्वस्थ जीवंत लोकतांत्रिक राष्ट्र की तरह स्थापित हुआ।

लोग भारतीय सभ्यता की अपनी सांस्कृतिक विरासत, जीवन मूल्य और लोक व्यवहार को संजोते हुए अपनी जीवन शैली बदलने के लिये लालायित हैं। इस सन्दर्भ में, सांसद समुचित नीतियां और कानून लागू करते हुए सामाजिक परिवर्तन की शुरुआत कर सकते हैं और लोगों को खुश कर सकते हैं। हम अधिकतर ऐसी नीतियों और कार्यविधि का पालन कर रहे हैं जिनका आधार अविश्वास है। इसका नतीजा यह हुआ है कि कार्य के प्रति रुचि और सशक्तीकरण की भावना का ह्रास हुआ है, जबकि भारतीय लोगों ने विश्वसनीय वातावरण पाने पर बहुत अच्छा काम कर के दिखाया है।

इस बात की ज़रूरत है कि संसद उन पुराने और जटिल कानूनों को चुन कर उन्हें खारिज करे जिनके कारण विकासोन्मुख अर्थव्यवस्था बाधित हो रही है। इससे उन तमाम लोगों को उम्मीद-भरा वातावरण मिलेगा जो ईमानदारी से फलना-फूलना चाहते हैं। भारत को विश्वास पर आधारित व्यवस्था स्थापित करनी चाहिए, जिसे इस महान संसद के सदस्य हासिल कर सकते हैं। मैं उनसे यह आग्रह करता हूँ।

अपना लक्ष्य साधने की दिशा में भारत के पास पांच प्रमुख क्षेत्रों में दक्षता है, जिनके नियोजन से सफलता मिल सकती है : 1. कृषि एवं खाद्य संचयन, 2. शिक्षा एवं स्वास्थ्य, 3. बुनियादी व्यवस्था : भरोसेमंद विद्युत शक्ति, अच्छे सड़क मार्ग तथा अन्य देशव्यापी सुविधाएं, 4. सूचना एवं संचार तंत्र, 5. जटिल टेक्नोलॉजी में आत्मनिर्भरता।

यह पांच क्षेत्र एक-दूसरे से संबंधित हैं और यदि संयोजित ढंग से विकसित किये जाएं, तो खाद्य, आर्थिक और राष्ट्रीय सुरक्षा तंत्र को मज़बूत करेंगे। इन

पाँचों प्रमुख लक्ष्य क्षेत्रों में एक सबसे ज़रूरी काम है, ग्रामीण विकास के लिये बुनियादी व्यवस्था तैयार करना। यह काम पी.यू.आर.ए. के ज़रिये तीन संयोजकों द्वारा किया जा सकता है। तीन संयोजक हैं : श्रम, इलेक्ट्रॉनिक और जानकारी जो आर्थिक संयोजन करे। समूचे देश में अनुमानित तौर पर कुल 7,000 पी.यू.आर.ए. समूहों की ज़रूरत होगी।

हम इस बात पर खुश हैं कि हमारा आर्थिक विकास उठान पा रहा है और जी.डी.पी. वृद्धि की वार्षिक दर 9 है, जब कि यह साफ़ है कि ग्रामीण और बहुत-से शहरी लोगों के जीवन का गुणात्मक स्तर इस बात को झुठला रहा है। इसलिए हमने 'नेशनल प्रोस्पेरिटी इंडेक्स' (एन.पी.आई.) अर्थात राष्ट्रीय समृद्धि सूचकांक विकसित किया है। यह तीन सूचकांकों के योग से प्राप्त होता है। (i) जी.डी.पी. की वार्षिक वृद्धि दर, (ii) लोगों, विशेष रूप से उन लोगों के जीवन स्तर में सुधार का सूचकांक, जो गरीबी रेखा के नीचे हैं (iii) हमारी सभ्यतागत विरासत के अनुकूल मूल्यबोध का सूचकांक। यह विरासत भारतीय जीवन के हर क्षेत्र में अनोखी है। इस तरह, एन.पी.आई. = (i+ii+iii)। खास तौर से, सूचकांक, आवास की उपलब्धता, सुरक्षित पानी की व्यवस्था, पौष्टिक आहार, व्ययन निकास, अच्छी शिक्षा, बेहतर स्वास्थ्य सुविधा, तथा रोज़गार के अवसर आदि पर निर्धारित है। सूचकांक iii का निर्धारण, संयुक्त परिवार की व्यवस्था, सहकर्मिता का भाव, अधिकारपूर्ण जीवन का निर्वाह, सामाजिक विषमताओं से मुक्ति, और सबसे ऊपर, टकरावमुक्त सौहार्दपूर्ण समाज आदि के परिवेश अनुकूलन से निर्धारित होता है। यह सूचकांक, परिवारों और समाज में शान्ति, भ्रष्टाचार में कमी, अदालती मुकदमों में कमी, स्त्रियों और बच्चों के प्रति अपराध की समाप्ति तथा सांप्रदायिक तनावों में कमी आदि की स्थिति दर्शाएगा। गरीबी की रेखा के नीचे रहने वालों की गिनती में कमी आती दिखनी चाहिए और वर्ष 2020 तक यह गिनती शून्य हो जानी चाहिए। कभी भी, हमारी राष्ट्रीय आर्थिक प्रगति का निर्धारण इसी एन.पी.आई. के आधार पर होना चाहिए।

हम इस संकल्पना को कैसे सच कर पाएंगे? वह कौन से सुधार हैं जो हमें तत्काल लागू कर लेने चाहिए?

मेरी आप सब से बातचीत, केन्द्रीय तथा राज्यस्तरीय किये गये कार्यक्रम, व्यक्तियों और गैर सरकारी संगठनों द्वारा दिखाए गये उत्साह, और भारी संख्या

में नागरिकों की राष्ट्रीय विकास के कामों में रुचि के आधार पर, मैं सुझाव दे सकता हूँ कि आप सब लोग मिल कर दो बड़े कामों का संकल्प लें :

1. एक ऊर्जा आत्मनिर्भरता बिल बनाएँ। एक त्रि-आयामी ऊर्जा नियमन योजना, जो स्वच्छ पर्यावरण बनाए रखे।
2. भारत-2020 की संकल्पना : ठान लें कि 2020 के पहले, एन.पी.आई. का प्रयोग करते हुए, भारत एक सुरक्षित, समृद्धिपूर्ण, खुशहाल और आर्थिक रूप से विकसित राष्ट्र बन जाएगा।

आप मुझसे सहमत होंगे कि ऐसे सभी बिल एक समयबद्ध ढंग से क्रियान्वित करना बहुत महत्त्वपूर्ण है।

यह ऐसे मुद्दे हैं जिन्हें मैं इतना महत्त्वपूर्ण मानता हूँ कि मैं इनके बारे में इस पुस्तक में भी, आगे फिर बात करूँगा।

~

राष्ट्रपति भवन में मुझे एक अनोखा अनुभव हुआ। जब भी मैंने कोई आंकड़ा या किसी विशेष राज्य या संस्थान के बारे में मंत्रालय, सरकारी विभाग, योजना आयोग या राज्य सरकार के बारे में कोई सूचना मांगी, तब बिना किसी चूक के ताज़ा जानकारी, उस स्रोत से मुझ तक पहुँच गई और इसके लिये राष्ट्रपति सचिवालय को अपनी मांग दोहरानी भी नहीं पड़ी। किसी भी सूचना तक यह अविलम्ब पहुँच मेरे लिये बहुत उपयोगी सिद्ध हुई क्योंकि मुझे उनकी तत्काल ज़रूरत, राष्ट्र के नाम सन्देश या संसद, विधानसभा, निजी या सरकारी संस्थानों या यूनिवर्सिटी के लिये अपना भाषण तैयार करने के लिये पड़ती थी। यह एक बहुत ही उपयोगी सुविधा थी जो पहले इस तरह उपलब्ध नहीं थी।

एक और मूल क्षमता जो हमने राष्ट्रपति भवन में विकसित की, वह थी—इण्टरनेट के द्वारा दूर-दराज़ जगहों में बैठे विशेषज्ञों के साथ बिना उनकी उपस्थिति के विचार-विमर्श करने की क्षमता। राष्ट्रपति भवन में अपने कार्यकाल के दौरान, मैंने बारह राज्यसभाओं को संबोधित किया और उनके सामने राज्यों की समृद्धि के अभियान पर अपनी प्रस्तुति दी। आँकड़े एकत्रित करना, उनका विश्लेषण, उनका समन्वय, विशेषज्ञों की राय, विचार-मंथन सत्र आदि का संयोजन, जिसके आधार पर समृद्धि अभियान चलाया जा सके, यह सब प्रायः पंद्रह दिन से अधिक का समय लेते थे। इसके लिये वर्च्युअल कॉन्फ्रेंस के

सत्रों का संचालन राष्ट्रपति भवन द्वारा विकसित मल्टी-मीडिया सुविधा के ज़रिये होता था, जो शाम आठ बजे से शुरू हो कर आधी रात तक चलते थे, क्योंकि बातचीत के लिये विशेषज्ञ लोग इसी समय उपलब्ध हो सकते थे। इस प्रक्रिया में जिन राज्यों को शामिल किया गया वह थे, जम्मू-कश्मीर, गोवा, हिमाचल प्रदेश, बिहार, मध्य प्रदेश, कर्नाटक, केरल, आंध्र प्रदेश, मिज़ोरम, मेघालय, सिक्किम तथा पुडुचेरी।

किसी भी राज्य के लिये समृद्धि लक्ष्य का चुनाव जिन सामाजिक-आर्थिक मापदंडों पर किया गया, वह हैं प्रति व्यक्ति आय, साक्षरता का स्तर, गरीबी की रेखा के नीचे की जनसँख्या, बेरोज़गारी का स्तर, शिशु मृत्यु की दर, प्रजनन के दौरान स्त्रियों की मृत्यु की दर, राज्य की कृषि उत्पादन दक्षता, राज्य में उद्योग और सेवा क्षेत्रों की स्थिति। उदाहरण के लिये, बिहार के लिये जिन लक्ष्यों का चुनाव किया गया, वह थे : 1. खेती और भूमि उपज में मूल्य वृद्धि 2. शिक्षा और उद्यमशीलता 3. जन संसाधन 4. नालंदा अंतरराष्ट्रीय विश्व विद्यालय 5. स्वास्थ्य सुविधा 6. बाढ़ के पानी का प्रबंधन 7. पर्यटन 8. बुनियादी ढांचों की व्यवस्था 9. विशिष्ट आर्थिक क्षेत्र 10. इलेक्ट्रॉनिक प्रबंधन (ई गवर्नेंस)। बिहार की प्रति व्यक्ति आय बढ़ाने के लिये दस अभियान विकसित किये गये। वर्ष 2005-06 में प्रति व्यक्ति आय छह हज़ार तीन सौ रुपये सालाना से बढ़ा कर 2010 में पैंतीस हज़ार रुपये सालाना करने का लक्ष्य रखा गया। साथ ही निवेश सुलभ वातावरण बनाने की कोशिश शुरू की गयी जिससे दस करोड़ बेरोज़गार और अनुपयुक्त रोज़गार पाए लोगों के लिये 31 दिसंबर 2005 तक समुचित अवसर बन जाएँ। बिहार को वर्ष 2015 तक शत-प्रतिशत साक्षरता तथा रोज़गारयुक्त आबादी का लक्ष्य रखना चाहिए। वहां सरकार ने कई योजनाएं चला रखी हैं और मुझे खुशी है कि आज बिहार देश का सबसे तेज़ी से तरक्की करने वाला राज्य है। अब काम की तलाश में बिहार से बाहर जाने वाले लोगों की गिनती में काफी कमी आयी है, इससे पता चलता है कि बिहार में व्यापक स्तर पर रोज़गार के अवसर पैदा किये जा सके हैं।

इसमें विधायकों की अच्छी भागीदारी रही है। योजना अभियान की प्रस्तुति ने राज्य में बहुत-सी नयी कार्यकारी योजनाओं की शुरुआत कराई। सदन को संबोधित करने के बाद मैंने राज्य के विश्वविद्यालयों के उपकुलपतियों और चैंबर ऑफ कॉमर्स को एकसाथ संबोधित किया।

केरल में, *मलयाला मनोरमा* ने केरल राज्य के लिए विकास अभियान के मसौदे को मलयालम भाषा में अनूदित कर के प्रकाशित किया। ज़िला स्तर की कार्यशाला आयोजित कर के उन तरीकों पर विशेषज्ञों की राय ली जिनको लागू करने से लक्ष्य प्राप्त करने में सफलता मिलेगी। फिर इस तरह प्राप्त सम्मतियों को विधानसभा तक पहुंचाया गया। दूसरे राज्यों में भी मीडिया द्वारा इसे बहुत विस्तार दिया गया और मुझे राज्य के संगठनों से अनेक सार्थक टिप्पणियां प्राप्त हुईं।

एक अरब लोगों को संस्कृति और मूल्यों की डोर से बाँध लेना मेरा सपना है। हमारी महान गाथाएं हमारे ऐश्वर्यपूर्ण विगत की याद दिलाती हैं और भविष्य के प्रति आशावान बनाती हैं।

6

जो दूसरों से सीखा

बनूँ मैं संरक्षक बेसहारों का
बनूँ मैं मार्गदर्शक पथिकों का
बनूँ मैं सेतु, नौका और पोत
पानी पार करने के इच्छुकों का

—आचार्य शांतिदेव

8वीं सदी के बौद्धधर्म-प्रमुख

मैं यह देख कर अचंभित रह जाता हूँ कि कैसे कई दिमाग, किसी काम को पूरा करने के लिये एकजुट हो जाते हैं। यह कोई सरल प्रक्रिया नहीं है,क्योंकि कई बार मतांतर उपलब्धियों की प्राप्ति में बाधा बनते हैं। रॉकेट और मिसाइल विकसित करने की प्रक्रिया के दौरान, जो कि एक दल का संयुक्त प्रयास होता है, मैंने लोगों के सोचने के ढंग को समझा और उस से बहुत कुछ सीखा। भारत-2020 की संकल्पना-प्रक्रिया को बढ़ाने के दौर ने मेरी इस आदत को धार दी। राष्ट्रपति के रूप में और बाद में भी, सौभाग्य से मुझे बहुत-से अनुभवी और कम अनुभवी लोगों की राय, उनके विचार, और आलोचना से लाभ उठाने का अवसर मिला। सब तरह के सुझाव और आतुर प्रश्न ज्ञान का विस्तार करते हैं, जिससे इंसान तरक्की की ओर बढ़ता है। मैं अपने कुछ उन अनुभवों को बताना चाहता हूँ, जिन्होंने मुझे काम के दौरान हज़ारों बार प्रभावित किया।

उपहार प्रसंग

मैंने यह बात कई बार बताई है इसलिए मैं इसे संक्षेप में दोहराऊंगा। मेरे

पिता, जनाब अवुल पाकिर जैनुल आब्दीन ने मुझे एक पाठ तब पढ़ाया जब मैं एक छोटा बच्चा था। यह 1947 की बात है, जब भारत आज़ाद ही हुआ था। रामेश्वरम द्वीप में पंचायत के चुनाव हुए थे और मेरे पिता ग्राम सभा के अध्यक्ष चुने गये थे। उनके चुने जाने के पीछे यह कारण नहीं था कि वह किसी खास धर्म या जाति के प्रत्याशी थे, या उनकी माली हैसियत खास थी, बल्कि उनके चुने जाने का कारण उनका सद्-व्यवहार और उनकी सज्जनता थी।

जिस दिन मेरे पिता अध्यक्ष चुने गये, उस दिन एक आदमी हमारे घर आया। मैं तब स्कूल का विद्यार्थी था और ज़ोर-ज़ोर से अपना पाठ याद कर रहा था। तभी मैंने दरवाज़े पर दस्तक सुनी। उन दिनों रामेश्वरम में हम दरवाज़े कभी बंद नहीं करते थे। एक आदमी भीतर आया और पूछने लगा कि मेरे पिता कहाँ हैं। मैंने बताया कि वह शाम की नमाज़ के लिये गये हैं। तब उसने कहा कि वह मेरे पिता के लिये कुछ लाया है। फिर उसने पूछा कि क्या मैं वह सामान पिता के आने पर उन्हें दे दूँगा? मैंने उससे कहा कि व़ह सामान खाट पर रख दे। उसके बाद मैं अपना पाठ याद करने में लग गया।

जब मेरे पिता वापस आये, उन्होंने खाट पर एक चांदी की तश्तरी में रखे तोहफों को देखा। जब उन्होंने पूछा कि यह कहाँ से आये, तब मैंने उन्हें बताया कि कोई आया था और यह सामान उनके लिये छोड़ गया है। पिता ने उन उपहारों को खोल कर देखा। उसमें कुछ कीमती कपड़े थे, कुछ चांदी के प्याले थे और कुछ मिठाई थी। उन तोहफों को देख कर वह नाराज़ हो गये। मैं सबसे छोटा बच्चा था, मेरे पिता मुझे बहुत चाहते थे और मैं भी उन्हें बहुत प्यार करता था। उस दिन मैंने उन्हें पहली बार गुस्से में देखा था और पहली ही बार मैंने उनसे मार भी खाई थी। मैं डर गया और रोने लगा। बाद में मेरे पिता ने अपनी नाराज़गी की वजह बतायी और समझाया कि बिना उनकी इजाज़त के मैं कभी किसी से कोई तोहफा स्वीकार न करूँ। उन्होंने एक हदीथ सुनाते हुए समझाया कि, 'जब खुदा किसी इंसान को किसी ओहदे पर बैठाता है तो वह उसकी ज़रूरतों का भी बंदोबस्त करता है। अगर कोई शख्स इससे ज़्यादा कुछ लेता है तो वह गैरवाजिब होता है।'

आगे उन्होंने बताया कि तोहफे स्वीकार करना अच्छी आदत नहीं होती। तोहफे हमेशा किसी खास मकसद के साथ दिए जाते हैं इसलिए उन्हें लेना

खतरनाक है। यह सांप को छूने जैसा है जिसके बाद उसका ज़हर आपको मिलता है। उनका यह पाठ मेरे दिमाग में आज भी ताज़ा है, जब कि मैं आज अस्सी बरस से ज्यादा उम्र का हो चुका हूँ। यह घटना मेरे दिमाग में गहराई से घर कर गई है, और उसने मेरा मूल्यबोध रचा है। अब भी, जब कोई व्यक्ति मेरे सामने कोई उपहार ले कर आता है, मेरा दिल-दिमाग कांप उठता है।

बाद में मैंने मनुस्मृति ग्रन्थ (मनु के नियम) पढ़ा। इसे हिन्दू-चिंतन की बुनियादी कृति कहा जाता है। इसमें भी कहा गया है कि उपहार ग्रहण करने से मनुष्य के भीतर की अंतर्ज्योति बुझ जाती है। मनु के अनुसार उपहार प्राप्त करना इसलिए निषिद्ध है क्योंकि पाने वाला देने वाले के एहसान तले दब कर अनैतिक या गैरकानूनी काम करने को मजबूर हो जाता है।

सुपोषित जीवन मूल्य

कुछ महीने पहले मेरे बड़े भाई, जो कि उस समय 95 वर्ष के थे, ने रामेश्वरम से मुझे फोन किया। उन्होंने बताया कि मेरे एक भारतीय मित्र जो अमरीका में रहते हैं उनसे मिलने आये थे। मेरे बड़े भाई से बातचीत के दौरान मेरे मित्र ने उनसे पूछा कि आपका यह मकान कितना पुराना है? मेरे बड़े भाई ने बताया कि यह मकान सौ वर्ष पहले हमारे पिताजी ने बनवाया था और अब मेरे छोटे भाई और उनके कमाऊ पोते-पोतियों ने एक प्रस्ताव रखा है कि इस पुराने घर को ढहाकर एक नया घर बनाया जाए। मेरे मित्र ने मेरे भाई से कहा कि इतने ऐतिहासिक मकान को गिराना ठीक नहीं है और उनके सम्मुख यह प्रस्ताव रखा कि इस मकान में किसी ट्रस्ट की सहायता से पुस्तकालय या संग्रहालय बना दिया जाए और मेरे भाई और उनके परिवार के लिए कहीं और रहने की व्यवस्था की जाए। मेरे भाई ने मुझे यह कहने के लिये फोन किया था कि, 'दोस्त के प्रस्ताव के खिलाफ, मैं उसी घर में बने रहना चाहता हूँ जिसमें मैं पला-बढ़ा हूँ और मैंने अपनी उम्र के पचानवे साल गुज़ारे हैं। मैं अपने सगों की कमाई से उसी जगह नया घर बनाने के लिये तैयार हूँ। कोई दूसरा इंतज़ाम मुझे मंजूर नहीं है। तुम अपने दोस्त को प्यार से समझा दो।' मुझे लगा यह एक ऐसा इंसान है जो ज़िंदगी को खुद अपनी शर्तों पर जीना चाहता है। उसे किसी की मदद की ज़रूरत नहीं, भले ही वह कितनी ही सोची-समझी हो। यह मेरे लिये एक बड़ा पाठ था। मैंने अपने भाई में

अपने पिता की छवि देखी थी, जो 103 साल जिए और उन्होंने हममें इस तरह का संस्कार विकसित किया।

हज की तीर्थ-यात्रा

वह एक व्यस्त दिन था। अनेक लोगों से भेंट करनी थी, कई निर्णय लेने थे और फाइलें निपटानी थीं। तभी मेरे भाई के पोते ने मुझे मक्का से फोन किया। यह मेरे जीवन का एक बड़ा निजी कार्य था। मेरे परिवार के तीन लोग एकसाथ स्मरणीय धार्मिक यात्रा पर पहुंचे हुए थे। वे खानदान की तीन पीढ़ियों का प्रतिनिधित्व कर रहे थे। मेरे बड़े भाई, जो उस समय नब्बे साल के थे, मेरे भाई की बेटी और उनका पोता दिसंबर 2005 में चेन्नई से हज यात्रा पर निकले थे।

मेरे भाई बहुत वृद्ध थे। इसलिए मेरी हार्दिक इच्छा थी कि उनकी हज यात्रा सफल हो। यह उनका गहरा विश्वास ही था जो उन्हें इस तीर्थयात्रा पर ले जा रहा था। सऊदी अरब में हमारे राजदूत को उन लोगों की इस यात्रा का पता चला तो उसने राष्ट्रपति भवन में मुझे फोन किया कि उन लोगों को अगर किसी तरह की मदद चाहिए हो तो मैं बताऊँ। मैंने उन्हें बताया—मेरी एक विनय है, राजदूत महोदय, मेरे भाई इस तीर्थ यात्रा पर एक आम आदमी की तरह जाना चाहते हैं, और वह कोई सरकारी मदद नहीं लेना चाहते। यह उनकी निजी इच्छा है। मेरे भाई ने ज़िद की कि वह सामान्य ढंग से, हज कमेटी द्वारा चुने जाने पर ही तीर्थयात्रा पर जाना चाहेंगे। उनके पोते ने सामान्य ढंग से अपनी अर्ज़ी हज कमेटी के सामने रखी और खुदा की मेहरबानी से वह विधिवत चुन ली गयी।

अलग-अलग स्थानों को देखना और तीर्थयात्रा के नियमों के अनुसार पूरी यात्रा का पचास दिन का कार्यक्रम बना।

उनके साथ उनका पोता और उनकी बेटी थी, जिनको मैंने उनका ख्याल रखने की ज़िम्मेदारी सौंपी थी। लेकिन मेरे भाई ने गहरी सहनशीलता और मज़बूती दिखाते हुए सभी असुविधाओं और अनिश्चितताओं का सामना किया। उन्होंने शांति से अपने पोते के निर्णयों और निर्देशों का पालन किया। लेकिन दुर्भाग्य से उनके पोते को यात्रा के दौरान तेज़ बुखार आ गया। तब मेरे भाई ने खुद सारी ज़िम्मेदारी संभाली, जैसे वह हमेशा, परिवार पर किसी कठिनाई

के समय करते थे। मसजिद जाने की व्यवस्था, खाने-पीने का इंतज़ाम और ज़रूरत पर डॉक्टर बुलाने का काम अपने सिर ले लिया। उनके पोते ने बताया कि वह रात को उसके बिस्तर के पास करीब तीन घंटे तक उसके लिए प्रार्थना करते रहे।

उनके पोते ने मुझे उस यात्रा के आखिरी दिनों में हुई घटनाओं का ब्यौरा दिया। मीना में कुछ दिन तम्बुओं में ठहरने के बाद वह अराफात की ओर चले। अराफात एक ऐसी जगह है, जहाँ पचास लाख लोग आकर ठहरते हैं। मैं कल्पना कर सकता हूँ कि मेरे भाई अपने हाथ जोड़ कर आसमान की तरफ देखते हुए कैसे दुआ कर रहे हैं।

उन्हीं दिनों एक बार, मेरे भाई का पोता ऊपर की मंज़िल पर बनी बड़ी मसजिद की सीढ़ियों से दुआ पढ़ने के बाद नीचे आ रहा था। भीड़ में कोई हादसा न हो जाए इसलिए 'एस्किलेटर' (स्वचालित सीढ़ियाँ) बंद कर दिया गया था। लेकिन इतनी भीड़ में सीढ़ियां उतर कर आना आसान नहीं था। तभी मेरे भाई का पोता एक धक्के से भीड़ और दीवार के बीच दब-सा गया। उसकी सांस घुटने लगी। तभी अचानक उसे राहत महसूस हुई, लगा कि उसके ऊपर से दबाव हट गया है। हुआ यह, कि उसे छटपटाते देख एक हट्टा-कट्टा अफ्रीकन नौजवान आगे बढ़कर उसके और भीड़ के बीच में स्वयं खड़ा हो गया। जब तक वह नीचे उतर कर आया, वह नौजवान, आगे कहीं निकल गया था। मेरे भाई के पोते को धन्यवाद कहने का भी अवसर नहीं मिला।

दूसरी घटना इस से भी ज़्यादा दिल को छू लेने वाली है। जब अराफात में नमाज़ अदा करने के बाद सब लोग मीना वापस लौट रहे थे। सभी पचास लाख तीर्थयात्रियों को उसी दिन पंद्रह किलोमीटर का रास्ता तय करके लौटना था। उनकी गाड़ी का एयर कंडीशनर खराब हो गया और वे लोग रेगिस्तान की भयंकर गरमी में फंस गए। मेरे भाई ने कुछ भी अन्न-जल लेने से इनकार किया और रास्ते भर प्रार्थना ही करते रहे। वे लगातार आठ घंटों से चल रहे थे और उनकी गाड़ी बहुत धीरे-धीरे खिसक रही थी। इस स्थिति में गाड़ी के ड्राइवर ने सलाह दी कि सब लोग उतर कर पैदल चलें तो आधे घंटे में पहुँच जाएंगे। ऐसा ही किया गया। मेरे भाई को व्हील चेयर पर बैठाया गया, जिस पर बैठना उन्होंने बहुत मिन्नत किये जाने पर स्वीकार किया। आगे वह एक ऐसी जगह पहुंचे, जहाँ सड़क पर एक दरार थी और यात्रियों को वह

दरार फांद कर जाना था। मेरे भाई को भी अपनी व्हील चेयर से उतर कर दरार पार करनी थी। तभी दो यात्रियों की नज़र मेरे भाई पर पड़ी और उन्होंने मेरे भाई को बैठे रहने का इशारा किया। इसके पहले कि मेरे भाई का पोता कुछ कह-समझ पाता, दो यात्री फुर्ती से आये और उन्होंने मेरे भाई की व्हील चेयर को भाई सहित उठा कर दरार के उस पार रख दिया। इस बार भी, इसके पहले कि कोई धन्यवाद के शब्द कह पाता, वह यात्री आगे बढ़ गये।

मुज़्दालिफा नाम की एक जगह पर उन लोगों को खुले आसमान तले रात गुज़ारनी थी। वह रेगिस्तान की एक बेहद सर्द रात थी और उनके नीचे बस एक चटाई-भर बिछी थी। उन्होंने बदन पर बहुत हल्के कपड़े पहने हुए थे, इसलिए सर्दी से बहुत थोड़ा बचाव हो पा रहा था। बहुत सुबह से ही लोगों का शौच के लिये लाइन में लगना शुरू हो गया। लाइन बेहद लंबी हो गयी। जो लोग अपने घरों में थोड़ी ही देर होने से झगड़ने लगते थे, वह भी काफी देर से धैर्यपूर्वक लाइन में खड़े थे। एक पंक्ति में एक महिला करीब एक घंटे से अपनी बारी का इंतज़ार कर रही थी। तभी एक लड़की आई और उसने उस महिला से, बिना बारी के, पहले जाने देने की विनती की। लाइन में लगे लोगों ने यह निर्णय उसी महिला पर छोड़ दिया। उसने उस लड़की को पहले जाने का मौका दे दिया। वह लड़की भीतर चली गई। तभी एक दूसरी बूढ़ी औरत ने आकर उसी महिला से अपने लिये भी यही याचना की। इस बार लाइन में लगे सभी देखने वालों को यह लग रहा था कि अब, इतनी देर इंतज़ार करने के बाद, यह महिला अपना नंबर नहीं जाने देगी। लेकिन सभी लोगों को भौचक करते हुए, उस महिला ने बूढ़ी औरत को भी पहले जाने दिया। यहाँ यह गौर करने की बात है कि वे दोनों एक-दूसरे से परिचित नहीं थीं, यहाँ तक कि उनकी भाषाएँ भी एक नहीं थीं और इसीलिए वह बूढ़ी औरत इशारों से काम चला रही थी। इस दृष्टान्त से यह तो पता चलता है कि छोटे-छोटे प्रसंग भी हमारी ज़िंदगी में कैसे बदलाव ला देते हैं।

अपने भाई की बेटी नाज़िमा और उसके पोते गुलाम के. मोईनुद्दीन की ये सब बातें सुनकर मुझे यह अहसास हुआ कि मौका मिलने पर अपने सह-जीवियों के प्रति हमारे प्रेम की ऐसी अविरल धारा बहने लगती है, जो रोके नहीं रुकती, और उसका आवेग सारे शिकवे-शिकायतें बहा ले जाता है।

फील्ड मॉर्शल सैम मानेकशा

वर्ष 2006 में जब मैं कोयम्बटूर में था, तब राष्ट्रपति भवन में मेरे लिये फील्ड मॉर्शल का फोन आया था। जब मुझे इस बात की जानकारी मिली, तब मैंने कहा कि मुझे विलिंगटन के आर्मी हास्पिटल में उन्हें देखने जाना चाहिए। मैं अपनी उनके साथ पहली मुलाक़ात याद करना चाहता हूँ।

1990 के सालों में, एक बार मैं इण्डियन एयरलाइंस की उड़ान में था और मैंने पाया कि फील्ड मॉर्शल 'सैम' मानेकशा मेरे बगल वाली सीट पर बैठे हैं। मैंने अपना परिचय रक्षा मंत्री के वैज्ञानिक सलाहकार के रूप में दिया। जब मैंने ऐसा बताया, उन्होंने पूछा, 'क्या वह एक अच्छे आदमी हैं?' उसके बाद उनका अगला सवाल था कि मेरी उम्र कितनी है? मैंने बताया कि मैं 69 साल का हूँ। उन्होंने जवाब दिया, 'तुम तो एक बच्चे हो।' मैंने कभी सोचा भी नहीं था कि मैं सशस्त्र सेना के सर्वोच्च कमांडर फील्ड मॉर्शल मानेकशा से मिलूँगा। जैसे ही मैं उनके कमरे में पहुंचा, उन्होंने सबसे बाहर चले जाने को कहा। उन्होंने मुझे अपने पास बैठने को कहा, मेरा हाथ अपने हाथ में थामा और कहा, 'तुम कैसे राष्ट्रपति हो! जब मैं पद पर नहीं हूँ, तब तुम एक फौजी को सम्मानित कर रहे हो।' वह मुझे देख कर बहुत खुश हुए थे। वृद्ध तो वह थे ही, अस्पताल में बिस्तर पर भी पड़े थे, लेकिन उनका दिमाग फिर भी हमारी सशस्त्र सेना की प्रभावशाली झलक दिखा रहा था। शत्रुओं और सुरक्षा की नई-नई तकनीकों के कारण सेना को लगातार शक्ति-संपन्न होते रहना चाहिए। उन्होंने मुझसे एक रोचक सवाल पूछा, 'कलाम, क्या कह सकते हो कि अगले एक दशक में हमारे सारे मौजूदा हथियार बेकार हो जाएंगे, और उनकी जगह इलेक्ट्रॉनिक और साइबर युद्ध शैली ले लेगी?' फील्ड मॉर्शल का यह सवाल मेरे दिमाग में लगातार घूम रहा था, और तब सामने आ गया था जब मैं एक बड़े आध्यात्मिक संत से मिला था और हम लोग नाभिकीय शस्त्रों की बात कर रहे थे। जब मैंने फील्ड मार्शल से पूछा, 'क्या मैं आपके लिये कुछ कर सकता हूँ?' उन्होंने जवाब दिया, 'मुझे नहीं पता, लेकिन मैं तुम से एक बात कहना चाहता हूँ, देश के फील्ड मॉर्शल या इसके समतुल्य पद की प्रतिष्ठा देश के लिए उसके अनुरूप होनी चाहिए।' उनकी यह बात मेरे दिमाग में बैठ गई।

जैसे ही मैं दिल्ली आया, मेरी प्रधानमंत्री से किसी अन्य सन्दर्भ में भेंट हुई। मैंने उनसे कहा कि हमें फील्ड मॉर्शल मानेकशा द्वारा दी गयी सेवाओं के सम्मान में, उनके लिये कुछ विशेष करना चाहिए। उस दिन कुछ सम्मानित लोग भोज के लिये आमंत्रित थे और मेरी मुलाक़ात थल सेना प्रमुख और वायु सेना प्रमुख से हुई। मैंने दोनों से फील्ड मॉर्शल मानेकशा और एयर मॉर्शल अर्जन सिंह की सेवाओं को सम्मान देने की बात की। उसके बाद मैंने तुरंत अपने सचिव पी. एन. नायर को बुलाया और उस से कहा कि वह एक पत्र तैयार करके प्रधानमंत्री कार्यालय में भिजवाए जिसमें तत्काल प्रभाव से कार्यवाही की बात हो। सरकार ने मेरा प्रस्ताव सहर्ष स्वीकार कर लिया और उनका वेतनमान राष्ट्र को दी गई उनकी सेवाओं के अनुकूल, लागू कर दिया। मुझे प्रसन्नता है कि यह सम्मान फील्ड मॉर्शल सैम मानेकशा को उनके जीवनकाल में ही मिल गया।

बेमिसाल खुशवंत

नब्बे वर्ष से ऊपर खुशवंत सिंह से मुलाकात करना एक बहुत ही बढ़िया अनुभव था। मैंने उनकी लिखी कई पुस्तकें पढ़ी हैं और मैं *हिन्दुस्तान टाइम्स* में उनके कॉलम का उत्साही पाठक रहा हूँ। बहुत-से लोग मुझसे पूछते हैं कि मैं खास तौर से उनसे क्यों मिलने गया। मेरा जवाब था कि मैं पुस्तकें पसंद करता हूँ और उनके लेखकों से मिलना मुझे अच्छा लगता है। आज खुशवंत सिंह पचानवे साल के हो जाने के बावजूद लगातार लिख रहे हैं। वर्ष 2007 में उन्होंने अपने कॉलम में मुझ पर लिखा था जिनमें भगवान के बारे में उनके, और मेरे विचारों का संक्षिप्त लेकिन रोचक ब्यौरा यहाँ देना चाहता हूँ :

> कुछ ही महीनों में भारत के ग्यारहवें राष्ट्रपति अब्दुल कलाम अपने कार्यभार से, अपना पांच साल का सत्र पूरा कर के पदमुक्त हो जाएंगे। वह तीसरे मुस्लिम व्यक्ति हैं जो देश के इस सर्वोच्च पद पर पहुंचे हैं। यह इस बात को साबित करने के लिये अच्छी मिसाल है कि हम एक धर्मनिरपेक्ष लोकतंत्र का निर्वाह कर रहे हैं। यह हमारे पड़ोसियों के लिये भी एक सबक है।
>
> मुझे इस बात की जानकारी नहीं है कि वह इसके बाद अपने वैज्ञानिक शोध के काम में लौटेंगे, किसी यूनिवर्सिटी में पढ़ाएंगे

या संन्यास ले लेंगे। वह अपनी उम्र के सत्तरवें वर्ष में हैं। मुझे उनके साथ आधे घंटे का समय बिताने का अवसर मिल चुका है। उन्होंने मेरे घर आ कर मुझे सम्मान दिया है। एक राष्ट्राध्यक्ष, एक साधारण-से लेखक के घर आएं—यह उनका बड़प्पन ही था।

हम दोनों के बीच ऐसा बहुत कम है जो एक जैसा है। वह तमिल हैं। मुझे तमिल के केवल दो ही शब्द आते है, 'वेनाक्कम' और 'अई-यई-यो'। वैज्ञानिक होने के बावजूद कलाम बहुत गहरी धार्मिक वृत्ति वाले व्यक्ति हैं। मैं अनीश्वरवादी हूँ और यह मानता हूँ कि धर्म और विज्ञान का आपस में कोई मेल नहीं है। एक तर्क पर आधारित है तो दूसरा आस्था पर। उनसे बात करने और उनका लिखा पढ़ने के बाद मैंने पाया कि उनके धार्मिक विचार महात्मा गांधी के विचारों की तरह हैं। इस तथ्य के बावजूद कि मैं उस सब को स्वीकार नहीं करता जिसकी पैरवी बापू करते रहे, मैं खुद को गांधीवादी कहता हूँ। कलाम को विज्ञान और धर्म में कोई अंतर्विरोध नहीं लगता। जब मैंने उनसे पूछा कि क्या वह फैसले के दिन में, और उन दण्ड और पुरस्कारों में विश्वास करते हैं जिन्हें हमें मरने के बाद भुगतना पड़ता है तो उन्होंने कहा कि 'स्वर्ग और नर्क केवल दिमागी सोच में हैं।

तो, कलाम की खुदा के बारे में क्या अवधारणा है? वह अल्ला और ईश्वर या खुदा और भगवान के बीच का द्वन्द्व नहीं है। उसे मंदिर या मसजिद में तलाशने की ज़रूरत नहीं है। उसके लिये लड़ने या शहादत देने की कोई ज़रूरत नहीं है, जैसा हमारे देश में विभिन्न धर्मों के नेता लोग करते हैं। जब वह एक-दूसरे का खून बहा रहे होते हैं, तब भगवान का गरजता हुआ स्वर सुनाई पढ़ता है :

अचानक प्रकाश से एक आवाज़ कौंधी
'तुम सब सुनो, मैं तुम में से, किसी का भी नहीं हूँ
प्यार मेरा सन्देश था, और तुम सबने बस नफरत फैलाई
मेरे आनंद को मार दिया, गला घोंट दिया जीवन का

तुम सब जान लो, कि खुदा हो या राम
दोनों ही हैं एक, दोनों प्यार के हैं नाम'

कोई बुद्धिजीवी कलाम के देवत्व पर संशय नहीं खड़ा कर सकता। कुछ लोग ईश्वर को सत्य के रूप में देखते हैं और कुछ प्रेम के रूप में। कलाम इसे एक अनुकम्पा की तरह स्वीकार करते हैं।

मैं खुशवंत सिंह का उद्धरण यहाँ इसलिए रख रहा हूँ क्योंकि मैं इसे एक बहुत बड़े सम्मान की बात समझता हूँ कि कोई उस जैसा लेखक मेरे काम के विश्लेषण, मेरी ईश्वर के प्रति अवधारणा, मेरी सोच क्या है, इस पर अपना इतना समय खर्च करे और बताए कि ईश्वर, धर्म, और अच्छे इंसान के बारे में मेरी क्या धारणा है।

देने में, पाने जैसा मनोभाव

आप लोगों में से कुछ निश्चित रूप से धन-सम्पदा से भरपूर होंगे। यहाँ मैं एक ऐसे महान आदमी की कहानी प्रस्तुत करता हूँ जिसने उन्मुक्त भाव से दिया है और संसार को खुशियाँ बांटीं हैं। मझे मार्च 2007 में एक निजी आमंत्रण मिला कि मैं श्री श्री शिवकुमार स्वामीगलु के शताब्दी समारोह का उद्घाटन करने सिद्धगंगा मठ में आऊँ। जब मैं वहां पहुंचा, वहां भारी संख्या में ऋषि महाराज को प्रणाम करने और उनका भाषण सुनने भक्तगण पहुंचे हुए थे। मंच पर भी अनेक राजनीतिक और आध्यात्मिक नेतागण विराजमान थे। जब वह सारे लोग बोल चुके तब स्वामी जी उठे और बिना हाथ में कोई कागज़ लिये, उन्होंने धाराप्रवाह बोलना आरम्भ कर दिया। मैं इस दृश्य से अचंभित था। सौ बरस की उम्र में तन कर खड़े और चेहरे पर मुस्कान लिये अपना भाषण देते स्वामी जी! इससे मेरे मन में एक प्रश्न उठा, कैसे इन्होंने यह ऊर्जा और उत्साह जुटाया है। इसलिए, कि यह मुक्त हस्त केवल देते रहे हैं। इन्होंने सैकड़ों शिक्षा संस्थान और अनाथालय समाज को दिए और यह प्रतिदिन हज़ारों ज़रूरतमंद लोगों को सेवा प्रदान करते हैं। इनका अथक सेवा भाव, समाज से निरक्षरता तथा भेदभाव दूर करने के प्रयास ने इनके क्षेत्र में बहुत-से लोगों का उद्धार किया है। मैंने उनके प्रति अभिभूत हो कर लिखा है

:

मैं क्या दे सकता हूँ?

ओ मेरे देशवासियो,
देने से
तुम्हारी काया और मन
आनंद से भर जाता है,
तुम्हारे पास देने को सब कुछ है,
ज्ञान है यदि तो बाँटो उसे
संसाधन हैं, यदि
उनसे विपन्न को, थोड़ा-सा दो
अपनी बुद्धि और संवेदना से,
हर लो किसी की पीड़ा और यातना
किसी के दुख भरे मन को आनंदित करो
देने में अंततः आनंद का संचार है
ईश्वर तुम्हारे कामों के लिए आशीष देगा

प्रधानमंत्रियों से संवाद

अपने कार्यकाल में, डी.आर.डी.एल. के निदेशक के रूप में, रक्षा मंत्री के वैज्ञानिक सलाहकार के रूप में, कैबिनेट के प्रमुख वैज्ञानिक सलाहकार के रूप में और बतौर भारत के राष्ट्रपति, मुझे बहुत-सी महान विभूतियों से मिलने का अवसर मिला है। जैसे, डॉ. सतीश धवन, डॉ. राजा रामन्ना, डॉ. वी. एस. अरुणाचलम, आर. वेंकटरमण, पी. वी. नरसिंह राव, एच. डी. देवगौड़ा, आई. के. गुजराल, अटल बिहारी वाजपेयी, डॉ. मनमोहन सिंह। इनका सान्निध्य मेरे लिये बहुत लाभदायक रहा और इन्होंने मेरे मन पर अपनी अमिट छाप छोड़ी है। मैंने डॉ. सतीश धवन से, जो कि इसरो के चेयरमैन और वहाँ मेरे अधिकारी थे, सीखा कि जब आप कोई जटिल लक्ष्य साधने की ओर बढ़ते हैं तो आपका सामना निश्चित रूप से चुनौतियों और कठिनाइयों से होगा। वे कहते थे कि आप अपनी समस्याओं को स्वयं सुलझाओ। मुश्किलों पर विजय प्राप्त करो। यह हर उस व्यक्ति के लिये एक बड़ा पाठ है, जो जटिल अभियान को लेकर

चल रहा है। डॉ. राजा रामन्ना और डॉ. अरुणाचलम ने किसी व्यक्ति की दक्षता आंकने का गुर सिखाया और यह, कि किसी जटिल काम के लिये उपयुक्त व्यक्ति का चुनाव कड़ी मेहनत मांगता है। रक्षा मंत्री के रूप में आर. वेंकटरमण देश की, और बढ़ी सैन्य शक्ति के वैविध्यपूर्ण सेवा तंत्र की ज़रूरतों का आकलन समय से पहले करना जानते थे। जिससे वह ऐसे कार्यक्रमों के संचालन का निर्णय ले सके जो आज हमें बेहतर परिणाम दे रहे हैं।

नरसिंह राव बहुत ही स्पष्ट सोच के व्यक्ति थे, उनकी देश के विकास से जुड़े प्रत्येक विषय पर मज़बूत पकड़ थी। एक बार, जब वह रक्षा सलाहकार कमेटी के अध्यक्ष थे तब 'आर्मी सप्लाई कार्प्स' (ए.एस.सी.) के आपूर्ति और परिवहन के महानिदेशक (डी.जी.), डेरी फॉर्म के आधुनिकीकरण पर एक प्रस्तुति दे रहे थे। डी.जी. ने बताया कि वह सेना के डेरी फॉर्मों से धीरे-धीरे भैंसों को हटा कर जर्सी गायें ला रहे हैं। राव को तुरंत लगा कि भैसें हमारे देश के लिये खास हैं। वह ऊष्ण कटिबंध (जैसे भारतीय) क्षेत्र में सस्ते चारे पर भी रह सकती हैं और वह अधिक और पौष्टिक दूध देती हैं। इस तरह हम देशज सम्पदा के उपयोग को रोक नहीं सकते। उन्होंने तुरंत आदेश दिए कि इस कार्यवाही में बिना देर किये आवश्यक संशोधन हो।

इसी तरह, वर्ष 1995 में एक बार मैं सुरक्षा तंत्र की आत्मनिर्भरता पर अपनी रिपोर्ट पेश कर रहा था, राव ने तुरंत ध्यान दिया कि हम यह सीमा तय कर रहे हैं कि रक्षा व्यय को जी.डी.पी. के तीन प्रतिशत से कम होना चाहिए। उन्होंने कहा कि हमें ऐसी हद नहीं बांधनी चाहिए। हमें मज़बूत रक्षा तंत्र बनाने के लिये अपनी ज़रूरत पूरी करनी होगी। जी.डी.पी. तो लगातार बदलता रहेगा। हम इस तरह घटते-बढ़ते रक्षा बजट से काम नहीं चला सकते।

एक और बात याद आती है। डी.आर.डी.ओ. को अग्नि मिसाइल को केवल तकनीकी प्रदर्शन से आगे बढ़ाकर सेना में शामिल करने के लिये कार्यक्रम चलाने थे। राव ने तुरंत ज़रूरत को समझा और आठ सौ करोड़ रुपये, केवल एक पृष्ठ के प्रस्ताव पत्र पर, बिना कोई सवाल उठाये, स्वीकृत कर दिए। साथ ही उन्होंने एक ऐसे तंत्र को विकसित करने का अवसर दिया जो समयबद्ध ढंग से सेना को मिसाइलें सौंपने का प्रबंधन कर सके। बाद में इस कार्यक्रम को वित्त मंत्री डॉ. मनमोहन सिंह की मंज़ूरी मिली, जिसे सामान्यतः, प्रधानमंत्री तक पहुँचने के पहले उन तक आना चाहिए था। उनके बाद यह फ़ाइल सरकार

के सचिवों के पास गयी, जिन्हें इसे लागू करने की कार्यवाही करनी थी। यह कार्यक्रम की अवधारणा, स्वीकृति और लागू करने की एक 'ऊपर से नीचे वाली शैली' का एक उदाहरण है।

बाद में, 2004 में मुझे डॉ. सिंह (मनमोहन सिंह) के साथ काम करने का मौका मिला, जिन्होंने बतौर प्रधानमंत्री अपनी सारी आर्थिक समझ की दक्षता, हाल के सालों में, विकास दर को 9 प्रतिशत से ऊपर ले जाने में लगा दी थी। उन्होंने प्रधानमंत्री कार्यालय के वातावरण को मानवीय स्पर्श की गर्माहट से भर दिया था। अटल बिहारी वाजपेयी में स्थितियों की तात्कालिकता को समझ कर कदम उठाने की ज़बरदस्त क्षमता मैंने तब देखी, जब 1998 में प्रधानमंत्री बनने के बाद उन्होंने मुझे पहला काम नाभिकीय परीक्षणों का सौंपा। मैंने पाया कि वाजपेयी राष्ट्रीय समस्याओं के संबंध में हमेशा निर्णयशील रहे जैसा कि मैंने पहले भी बताया है, कि वह पहले व्यक्ति थे जिन्होंने अगस्त 2002 में लाल किले के प्राचीर से यह घोषणा की, कि भारत 2020 तक विकसित राष्ट्र बन जाएगा। सबसे पहले, भारत-2020 को राष्ट्रीय कार्यक्रम के रूप में 1998 में एच.डी. देवगौड़ा ने मान्यता दी।

अच्छे लोगों से मिलने का अनुभव अपने-आप में एक शिक्षा है। यह मेरा सौभाग्य रहा है कि जीवन के विभिन्न चरणों में बहुत-से अच्छे लोगों से मिलने का मौका मिलता रहा है।

7

प्रतिस्पर्धी राष्ट्र बनने की ओर

प्रतिस्पर्धा का भाव राष्ट्रीय आर्थिक विकास की ताकत है
प्रतिस्पर्धी भाव की ताकत है ज्ञान, और ज्ञान की शक्ति का स्रोत है
टेक्नोलॉजी और नवनिर्माण

भारत की अधिकतर आबादी गाँवों में रहती है, और वैज्ञानिक समुदाय के सामने यही असली चुनौती है कि वह टेक्नोलॉजी से जो हासिल है उसे पचहत्तर करोड़ गाँव वालों तक पहुंचाएं।

विज्ञान और टेक्नोलॉजी से जुड़े अपने पचास साल के कार्यकाल में मैंने हमेशा यह महसूस किया है कि किसी विकासशील देश के विकसित देश बनने के लिये विज्ञान और टेक्नोलॉजी ही एकमात्र रास्ता है। वह तीन क्षेत्र जिन पर हमें अपनी नज़र बनाए रखनी है, वह हैं, नैनो टेक्नोलॉजी, ई-गवर्नेंस और बायो डीज़ल। नये परिवर्तन की दिशा में अनुकूल वातावरण बनाने के लिये, मैंने सोचा कि क्यों न राष्ट्रपति भवन से शुरुआत की जाए।

जटिल और नये कामों की शुरुआत के लिये कई विशेषज्ञों की सम्मिलित सोच की ज़रूरत होती है। अलग-अलग विकल्पों का मूल्यांकन और फिर अभियान को क्रियान्वित करने के लिये सम्मिलित प्रयास। इस सन्दर्भ में तीन अनोखी घटनाएं राष्ट्रपति भवन में और हैदराबाद में राष्ट्रपति निलयम में हुईं। वह था, नैनो टेक्नोलॉजी कॉन्फ्रेंस, ई-गवर्नेंस कॉन्फ्रेंस तथा बायो डीज़ल कॉन्फ्रेंस का आयोजन। देश के भविष्य के सन्दर्भ में यह बहुत प्रभावकारी घटनाएं थीं।

मैं बंगलुरु में 'जवाहरलाल नेहरू सेंटर फॉर एडवांस साइंटिफिक रिसर्च' के प्रोफ़ेसर सी. एन. आर. राव तथा देश-विदेश के दूसरे विशेषज्ञों से नैनो

टेक्नोलॉजी तथा इसके विविध क्षेत्रों में उपयोग पर बात करता रहा हूँ। कृषि, औषधि विज्ञान, तथा अंतरिक्ष और ऊर्जा जैसे कुछ क्षेत्रों में इसका उपयोग हो सकता है। इन्हीं विचारों ने मुझे प्रेरित किया कि मैं एक पूरे दिन की कॉन्फ्रेंस का आयोजन राष्ट्रपति भवन में करूँ। विचार-विमर्श और सम्मतियों से आगे संयोजन कार्यक्रमों की भूमिका बनी और इसकी कुल लागत एक हज़ार करोड़ रुपये आई। इस कार्यक्रम से बहुत महत्त्वपूर्ण प्रगति और नवनिर्माण सामने आया। मुझे यह जान कर खुशी हुई कि बनारस हिन्दू यूनिवर्सिटी ने कार्बन नैनो ट्यूब फिल्टर्स बनाने की एक सरल विधि विकसित कर ली है जो पानी से नैनो आकार के प्रदूषित कण और पेट्रोलियम से भारी हैड्रो-कॉर्बन कणों को छान सकता है। एक निजी कंपनी डाबर के साथ मिल कर दिल्ली यूनिवर्सिटी ने सफलतापूर्वक एक औषधि विकसित कर ली है जो सीधे ट्यूमर कोशिकाओं पर आघात करती है।

दक्ष, प्रभावी और पारदर्शी प्रबंधन भारत को विकसित राष्ट्र बनाने के लिये तथा देश में ज्ञान-सम्पन्न समाज बनाने के लिये, पहली बुनियादी ज़रूरत है। इस के लिए एक समग्र तंत्र की ज़रूरत है, जो राज्य, ज़िला तथा ग्राम स्तर पर विकेन्द्रित हो कर काम करे। इसकी योजना बनाने और उसे लागू करने के लिये, सुनियोजित प्रयास की ज़रूरत है, जो केंद्र और राज्य सरकारों के साथ-साथ, निजी तथा सरकारी क्षेत्रों के संयुक्त सहयोग से काम करे। इसी लक्ष्य को ध्यान में रखते हुए, सभी संबंधित एजेंसियों को साथ लेकर एक ई-गवर्नेंस कॉन्फ्रेंस का आयोजन किया गया। हमने एक ई-गवर्नेंस सिस्टम बना कर राष्ट्रपति भवन में लागू भी किया। मैंने इस विषय पर न्यायपालिका, ऑडिट तथा अन्य संस्थानों को संबोधित भी किया। कॉमनवेल्थ सभा में एक प्रस्तुति भी दी, जिसे बहुत पसंद किया गया। मुझे उम्मीद है कि ई-गवर्नेंस सिस्टम से प्रत्येक नागरिक के लिये बनाये गये स्मार्ट पहचान कार्ड प्रभावी सेवाएँ देने और अतिवाद तथा आतंकवाद को रोकने में सफल होंगे।

मैं समझता हूँ कि दो क्षेत्र जो भविष्य में द्वन्द्व का कारण बन सकते हैं, वह हैं जल तथा ऊर्जा। राज्यपालों की एक कॉन्फ्रेंस में पानी के मुद्दे पर बात के दौरान जलाशयों के रख-रखाव, जल के स्रोतों का संरक्षण, तथा राष्ट्रीय स्तर पर राज्यों की नदियों को जोड़ने का प्रसंग उठा था। मैं लगातार इस बात पर जोर दे रहा हूँ कि पानी, डीज़ल और कोयले से मुक्त, ऊर्जा उत्पादन

के तरीकों पर ध्यान देना समय की मांग है। बायो ईंधन विकसित करने का ज़िक्र इसी सन्दर्भ में आता है। इस विषय को ही संबोधित करने और इस संबंध में सभी प्रकार के प्रयासों पर समग्र रूप से विचार-विमर्श करने के लिये राष्ट्रपति निलयम में हमने एक कॉन्फ्रेंस आयोजित की थी। इस आयोजन में, अन्य लोगों के अलावा किसानों को भी आमंत्रित किया गया था क्योंकि उन्हें इस क्षेत्र में अनुभव है और वही इसके उपभोक्ता भी हैं। कृषि विश्वविद्यालयों के उपकुलपतियों ने विषय के विविध अनुसंधान पक्षों के विषय में समझाया। बायो ईंधन वृक्षों के बीज की संरचना और उनकी उपज के लिये सिंचाई की आवश्यकता आदि प्रसंग चर्चा का विषय बने। सरकारी अधिकारियों ने बंजर ज़मीन के बंटवारे का प्रश्न उठाया। ऑटोमोबाइल डिज़ाइनर्स ने बायो ईंधन और डीज़ल के एक मिश्रण के बारे में बताया जिसके प्रयोग से इंजन में कोई परिवर्तन नहीं करना पड़ेगा। इंजन में बदलाव की ज़रूरत केवल तभी पड़ेगी जब मिश्रण में बायो ईंधन का अनुपात बढ़ाया जाए। व्यवसायी लोगों ने 'ब्रेकईवन प्वाइंट' यानि बिना लाभ-हानि के निवेश के स्तर की बात की। मैंने बायो ईंधन के प्रयोग की अपनी अवधारणा प्रस्तुत की। मैं खुश हूँ कि अब बायो ईंधन की नीति विकसित हो चुकी है।

इन तीन कॉन्फ्रेंसों के अलावा एक और तकनीकी आयोजन हुआ जिसकी शुरुआत राष्ट्रपति भवन से हुई।

~

वर्ष 2006 में इसरो के तत्कालीन चेयरमैन ने मुझे अपनी अंतरिक्ष संबंधी योजना बताते समय, चंद्रयान का ज़िक्र किया जो चाँद के वातावरण की सूचना देगा। निश्चित रूप से यह किसी नये ग्रह की खोज के संबंध में पहला कदम होगा, जिनमें कोई मानव जाएगा। उन्होंने बताया कि उनका अंतरिक्षयान चन्द्रमा की कक्षा की परिक्रमा करते हुए चाँद की धरती की रासायनिक, खनिज, भूगर्भीय जैसी वैज्ञानिक जानकारी भेजेगा। उन्होंने यह भी बताया कि यह यान बहुत-से ऐसे वैज्ञानिक यंत्र ले जाएगा जिनके बारे में इसरो अभी निर्णय ले रहा है। मैंने सुझाव दिया कि अपने इस अभियान में इसरो एक और काम जोड़ सकता है। वह यह, कि एक दूरस्थ मापन तंत्र स्थापित करे जिसके ज़रिये चाँद की सतह से ही घनत्व या दबाव नापा जा सके या कम से कम उसके अनुमानित

प्रसार का पता लगाया जा सके। चेयरमैन ने वादा किया कि वह इस सूचना की व्यवस्था अपने तंत्र में करेंगे। इस वार्ता से चंद्रयान के साथ 'मून इम्पैक्ट प्रोब' यानी चांद के संबंध में अधिक जानकारी पाने वाला अतिरिक्त यंत्र जोड़ा गया। यह यंत्र चाँद की धरती पर 14 नवंबर 2008 को ठीक उसी जगह उतरा, जहाँ उसका उतरना पहले से तय किया गया था। मैंने इसरो की टीम को इस कामयाबी के लिये बधाई दी।

यह दो उच्चस्तरीय शुरुआती तकनीकी कदम राष्ट्रपति भवन के आग्रह पर उठाए गए। मुझे इस साहसिक कार्य में भागीदार बनने में बहुत प्रसन्नता हुई।

~

नवनिर्माण वर्ष 2011 की, दुनिया-भर में नया क्या हुआ इसकी सूचकांक रिपोर्ट 'ग्लोबल इनोवेशनल इंडेक्स' देख कर पता चला कि इस क्रम में जी.आई.ई. के आधार पर स्विट्ज़रलैंड पहले नंबर पर, स्वीडन दूसरे पर, सिंगापुर तीसरे पर, हांगकांग चौथे नंबर और भारत 62वें नंबर पर है। प्रतिस्पर्धात्मक स्थिति और नवनिर्माण सूचकांक में एक संबंध होता है। वर्ष 2010-11 में भारत 56वें नंबर पर था। अगर भारत खुद को अपनी मौजूदा स्थिति से उठा कर विकसित राष्ट्रों की श्रेणी, अर्थात सर्वोच्च दस में लाना चाहता है तो उसे हर हालत में अपनी स्वदेशी डिज़ाइन योग्यता को सशक्त करना होगा। भारत की वर्तमान अभिवृद्धि उन वैज्ञानिक तकनीकों के आधार पर हुई है जिनका आविष्कार और पेटेंट अधिकार किन्हीं और देशों के पास दस-पंद्रह बरस पहले से है। विज्ञान और तकनीक में विकसित देशों से कोई भी ताज़ा टेक्नोलॉजी भारत को कम से कम दस बरस से पहले नहीं मिलने वाली है। इसलिए, कम से कम विज्ञान के क्षेत्र में शोध बहुत ज़रूरी है, ताकि वैश्विक प्रतियोगितात्मक दौड़ में भारत मनचाही जगह बना सके। मैं यहाँ भारत की एक कोशिश का ब्यौरा देना चाहूँगा जहाँ भारत ने एक वांछित टेक्नोलॉजी विकसित की।

~

अभी हाल में हमने एक महत्त्वपूर्ण लक्ष्य प्राप्त किया। 19 अप्रैल, 2012 को उड़ीसा के तटीय क्षेत्र ह्वीलर आइलैंड पर तनाव अपने चरम पर था। यहाँ

से पचास टन वज़न की, साढ़े सत्रह मीटर ऊंची, अग्नि-V मिसाइल, लम्बवत् स्थिति से प्रक्षेपित की गयी थी। प्रक्षेपण के पहले की जांच शुरू हुई। सुबह 8.07 पर उलटी गिनती शुरू हुई और जैसे ही मिसाइल के पहले चरण ने काम किया, आग की एक दैत्याकार गेंद उछली। जैसे ही मिसाइल ने आकाश की ओर उठना शुरू किया, वैज्ञानिकों ने उसकी कार्यप्रणाली की जांच की। उनकी आवाज़ शांत थी, जबकि उपस्थित दर्शक बेहद तनाव की स्थिति में थे। 90 सेकेण्ड बाद पहला चरण जल कर अलग हो गया। मिसाइल ठीक उसी गति से जा रही थी, जिससे उसे जाना चाहिए था। उसके बाद, यथा योजना, दूसरा चरण भी जला और फिर अलग हो गया।

कुछ ही मिनटों में मिसाइल अंतरिक्ष में थी, भूमध्य रेखा पार करने तक, दो हज़ार किलोमीटर दक्षिण की दिशा में। फिर, तीन हज़ार किलोमीटर जाने के बाद उसने फिर पृथ्वी के वातावरण में मकर रेखा के ऊपर प्रवेश किया और अफ्रीका और आस्ट्रेलिया के दक्षिणी सिरे की ओर नीचे को आई। प्रक्षेपण और इस गति के बीच उसे बीस मिनट लगे। भारतीय समुद्री पोत उस मिसाइल के साथ सारे रास्ते भर, अंत तक चलते रहे। मिसाइल ने अपने लक्ष्य पर एकदम सही निशाना, पूर्वनिश्चित समय पर दाग दिया।

वर्ष 1983 में 400 करोड़ रुपये की लागत के आई.जी.एम.डी.पी. के कार्यक्रम को स्वीकृति मिली। इस कार्यक्रम में चार मिसाइलों की संकल्पना, उत्पादन और प्रक्षेपण का काम शामिल था। यह चार मिसाइलें थीं, ज़मीन से ज़मीन पर मार करने वाली मिसाइल (पृथ्वी), मध्यम दूरी वाली ज़मीन से आकाश में मार करने वाली मिसाइल (आकाश), कम दूरी वाली ज़मीन से आकाश में तेज़ी से मार करने वाली मिसाइल (त्रिशूल) और एक टैंक भेदी मिसाइल (नाग)। इसके साथ ही इस कार्यक्रम में अग्नि का तकनीकी प्रदर्शन भी शामिल था, जिसमें लंबी दूरी पर मार करने वाली मिसाइल के अंतरिक्ष तक जा कर पृथ्वी के वातावरण में फिर वापस आना दिखाया जाना था। यह टेक्नोलॉजी सब से पहले मई 1989 में उड़ीसा के तट पर प्रदर्शित की गई थी। उसके बाद लंबी दूरी वाली मिसाइलें अग्नि-I, II, III और IV उसके बाद के दो वर्षों में प्रदर्शित हुईं। फिर अंततः डी.आर.डी.ओ. के वैज्ञानिकों और इंजीनियरों ने अग्नि-V की उड़ान का परीक्षण नियोजित किया जिसकी मारक क्षमता 5000 कि.मी. तक है। यह सब मिसाइलें, 'मिसाइल टेक्नोलॉजी

कंट्रोल रिजीम' (एम.टी.सी.आर.) तथा अन्य खंड की श्रेणी में आती हैं। इसके कारण, न तो मिसाइल सिस्टम, न ही इसको संचालित करने वाली टेक्नोलॉजी, खरीद कर पाई जा सकती है। इस सिस्टम को केवल गहन क्रमबद्ध शोध से ही अर्जित किया जा सकता है।

इस तरह, मिसाइलों का सफल परीक्षण गूढ़ टेक्नोलॉजी की दिशा में आत्म-निर्भरता का विशिष्ट प्रमाण है। यह देश को एक स्वतंत्र विदेशी नीति बनाने की शक्ति प्रदान करता है।

मेरे मित्र डॉ. वी. के. सारस्वत और उनकी टीम ने अग्नि-V के प्रक्षेपण पर मुझे जानकारी दी।

इस सन्दर्भ में मुझे एक पुरानी बात बताने की इजाज़त दें। मैं एक बात 1984 की बताता हूँ और दूसरी 1991 की। मैं हैदराबाद में डी.आर.डी.एल. का निदेशक था। प्रधानमंत्री इंदिरा गाँधी ने अपनी कैबिनेट के माध्यम से आई.जी.एम.डी.पी. की स्वीकृति 1983 में दी थी और उसके अगले साल वह कार्यक्रम की प्रगति देखने डी.आर.डी.एल.आई. थीं। जब हम अपनी प्रगति प्रदर्शित कर रहे थे, तब श्रीमती इंदिरा गांधी ने कॉन्फ्रेंस हॉल में लगा विश्व का नक्शा देखा। उन्होंने हमारा प्रदर्शन रुकवा दिया और हमारा ध्यान उस नक़्शे की तरफ आकर्षित कराया। उन्होंने पूछा, 'कलाम, इस नक्शे को देखो, इसमें दिखाई गयी दूरियों को भी देखो, कब हमारी प्रयोगशाला ऐसा मिसाइल बना पाएगी जो कठिन परिस्थिति में दूर के ठिकानों तक पहुँच पाए।' उन्होंने नक्शे पर, भारत की सीमा से पांच हज़ार किलोमीटर दूर एक लक्ष्य पर उंगली रखी। सचमुच हमारे डी.आर.डी. ओ. के वैज्ञानिक उस महान राजनेत्री की संकल्पना के अनुसार यह उपलब्धि हासिल कर पाए।

उसके बाद, जब पृथ्वी मिसाइल का सफल प्रक्षेपण हुआ, तब सेना की एक दूसरी ज़रूरत हम तक पहुंची। सेना को ज़मीनी क्षेत्र में एक पुष्टिकरण का यंत्र चाहिए था, जिससे एक त्रुटि, जिसे 'सर्कुलर एरर प्रोबेबिलिटी' (सी. ई.पी.) कहा जाता है, उसका अनुमापन हो सके। इसके लिये, हम उस समय जिस, मरुस्थली क्षेत्र में अपने परीक्षण कर रहे थे, वह सुरक्षा और अन्य भौगोलिक कारण से उपयुक्त नहीं था। अपने इस काम के लिये हमें पूर्वी तटीय क्षेत्र के किसी निर्जन द्वीप की ज़रूरत थी। अपने भू-जलीय नक्शे में, जो हमें नौसेना से मिला था, हमें कुछ द्वीप नज़र आये जो उड़ीसा के तट

धमरा से हट कर बंगाल की खाड़ी के पास थे। वहां किन्हीं भू-भागों की संभावना थी। हमारी टीम ने, जिसमें डॉ. एस. के. सलवान तथा डॉ. वी. के. सारस्वत शामिल थे, धमरा से एक नौका किराए पर ली और द्वीप की तलाश में निकल पड़े। नक्शे पर इन द्वीपों के संकेत 'लौंग ह्वीलर', 'कोकोनट ह्वीलर' और 'स्मॉल ह्वीलर' के नाम से लिखे हुए थे। टीम ने एक कम्पास (दिशासूचक यंत्र) लिया और यात्रा पर निकल पड़ी। वह लोग रास्ता भूल गये और ह्वीलर द्वीप नहीं खोज पाये। सौभाग्य से, उन्हें कुछ मछुआरे अपनी नौकाओं में दिखे। उनसे रास्ता पूछा गया। उन मछुआरों को ह्वीलर द्वीप का तो पता नहीं था लेकिन उन्होंने 'चंद्रचूड़' नाम के एक द्वीप का ज़िक्र किया। मछुआरों ने सोचा कि ये लोग उसी द्वीप का पता पूछ रहे हैं। उन्होंने 'चंद्रचूड़' द्वीप का रास्ता बता दिया। उनके बताए हुए रास्ते से टीम चंद्रचूड़ पहुंची, और बाद में पता चला कि वही 'स्मॉल द्वीप' है और वहां हमारी ज़रूरत-भर पर्याप्त जगह है।

उस द्वीप को पाने के लिये हमें उड़ीसा नौकरशाही का सामना करना पड़ा। यह ज़रूरी हुआ कि इसके लिये उड़ीसा के तत्कालीन, (1993) मुख्यमंत्री से राजनीतिक निर्णय पाया जाए। उस समय, शक्तिसम्पन्न नेता, बीजू पटनायक मुख्यमंत्री थे। उनके कार्यालय से यह संकेत मिल रहे थे कि वह द्वीप किन्हीं कारणों से, उपलब्ध नहीं हो पायेगा। खैर, हमारी विनयस्वरूप, हमें बीजू पटनायक से भेंट करने का अवसर मिला। जब हम उनके कार्यालय में पहुंचे, वह फ़ाइल उनके सामने रखी थी। उन्होंने कहा, 'कलाम, मैंने यह पाँचों द्वीप डी.आर.डी.ओ. को बिना किसी कीमत के देने का फैसला किया है, लेकिन मैं इस फ़ाइल पर अपनी स्वीकृति के हस्ताक्षर केवल तभी करूँगा जब तुम्हारी ओर से एक वादा किया जाएगा।' उन्होंने मेरा हाथ अपने हाथ में थाम कर कहा, 'तुम्हें एक मिसाइल ऐसी बनानी पड़ेगी जो दूर के दुश्मनों से भी हमारी रक्षा कर सके।' मैंने कहा, 'सर, हम ज़रूर इस पर काम करेंगे।' मैंने तुरंत रक्षा मंत्री को सूचना दी। मुख्यमंत्री के हस्ताक्षर होने के बाद हमें 'स्मॉल द्वीप' मिल गया।

~

पाठको, आप सब को पता ही होगा कि इसरो ने 26 अप्रैल, 2012 को अपना पहला 'राडार इमेजिंग सेटेलाईट' (आर.आई.सेट-1) प्रक्षेपित किया था। यह

उपग्रह 'पोलर सेटेलाईट लॉन्च वेहिकल' (पी.एस.एल.वी-सी-19) द्वारा श्रीहरिकोटा के सतीश धवन स्पेस सेंटर से प्रक्षेपित किया गया था। इस उपग्रह को कक्षा में भेजने के बाद इसमें सोलर पैनल और सी बैंड सिंथेटिक अपर्चर राडार के एंटीना पैनल सफलतापूर्वक लगाये गये। यह उपक्रम आर.आई.सेट-1 का एक महत्त्वपूर्ण हिस्सा है। उसके बाद, इस उपग्रह को, पोलर सन सिंक्रोनस कक्षा (ऑर्बिट) में चार क्रमिक प्रक्रियाओं से रोपा गया। इससे, गंगोत्री से लेकर भोपाल तक की, और उत्तरी कर्नाटक की उच्चस्तरीय तस्वीरें ग्रहण की गईं, जिन्हें 1 मई, 2012 को तैयार कर लिया गया।

यह अभियान कुछ महत्त्वपूर्ण तकनीकों को उजागर करता है। मैं उनके बारे में कुछ जानकारी संक्षेप में दूँगा।

किसी अन्य दूरस्थ प्रकाश संवेदी उपग्रह से एकदम अलग, राडार इमेजिंग सेटेलाईट (आर.आई.एस.ए.टी-1) छायांकन के लिये अपने राडार स्पंदन पृथ्वी पर भेजता है। इस से बादलों की उपस्थिति और सूरज की रोशनी के बिना भी छायांकन संभव हो पाता है। इस तरह यह तंत्र, मौसम और सूर्य के प्रकाश की किसी भी स्थिति में तस्वीरें ले सकता है। आर.आई.सेट-1 कई तरीकों और, विविध छायांकन स्थितियों में काम करता है, जैसे इसका छायानुपात, एक से पचास मीटर के बीच कहीं भी साधा जा सकता है, और इससे दस से दो सौ तेईस किलोमीटर तक छाया विस्तार पाया जा सकता है। आर.आई. सेट-1 का महत्त्वपूर्ण उपयोग कृषि क्षेत्र में है, जहाँ खरीफ की फसल के दौरान धान के खेतों की पहचान उनका वर्गीकरण, तथा प्रति एकड़ उपज का अनुमापन किया जा सकता है। इसके साथ ही उन खेतों का भी ब्यौरा पाया जा सकता है जो बाढ़ के समय में उपजाऊ नहीं रह गये हैं। इसके अलावा विपत्ति-कारक समय में तथा अन्य स्थितियों में भी इस तकनीकी सुविधा का लाभ पाया जा सकता है। यह केवल हमारी अंतरिक्ष संबंधी गतिविधियों की एक झलक है जो हमारे आत्मविश्वास को भी प्रदर्शित करती है। इसके साथ मैं बहुत-सी कामयाबी की कहानियां सुना सकता हूँ, जैसे नौसेना के 'लाईट कौमबैट एयरक्राफ्ट' (एल.सी.ए.) के परीक्षण-उड़ान की कथा। यह उड़ान बंगलुरू में, उस दिन संपन्न हुई थी जिस दिन आसमान में इधर-उधर बादल छाये हुए थे।

इस एक अकेली, नौसेना के एल.सी.ए. की सफल उड़ान के दम पर भारत उन श्रेष्ठतर देशों की पंक्ति में बैठ गया था जो उच्चस्तरीय वैमानिक

डिज़ाइनिंग, उत्पादन तथा परीक्षण के लिये सक्षम हैं। इसमें चौथी पीढ़ी के वह विमान गिने जाते हैं जो अपने साथ विशेष व्यवस्था ले जा सकते हैं, और 'स्की टेक ऑफ बट अरेस्टेड रिकवरी' (स्टोबार) जैसी टेक्नोलोजी से युक्त होते हैं। यह नौसेना पोत, सामुद्रिक सेना को दिया गया यह पोत, हमारी पहली कोशिश है, सम्पूर्ण युद्धक्षमता निहित, और यह भारतीय नौसेना की इक्कीसवीं सदी की अपेक्षाओं के अनुकूल है। इसकी सफलता के दौरान हमने कई डिज़ाइनिंग संबंधी चुनौतियों को पार किया है।

~

सूचना तंत्र और संचार तंत्र अब एक साथ जुड़ कर सूचना एवं संचार तंत्र (इनफोर्मेशन एण्ड कॉम्यूनिकेशन टैक्नोलॉजी) बन गये और आगे उनका मिलान बायोटेक्नोलॉजी से हुआ जिसके फलस्वरूप बायो-इन्फोर्मेटिक्स का जन्म हुआ। इसी तरह, फोटोनिक्स छाया प्रयोगशाला से निकल कर इलेक्ट्रोनिक्स और माइक्रोइलेक्ट्रोनिक्स से जुड़ गयी है, जिस से उपभोक्ता उत्पादों को उच्च गति से परिणाम पाने का लाभ मिला है। अब नैनो टेक्नोलॉजी आ गयी है। यह भविष्य की तैयारी है और यह इलेक्ट्रोनिक्स तथा माइक्रोइलेक्ट्रोनिक्स को हटा कर अपनी जगह बनाएगी। इसमें भारी संभावनाएं हैं। इस से औषधि, इलेक्ट्रोनिक्स तथा पदार्थ विज्ञान को बहुत लाभ मिलेगा।

जब नैनो टेक्नोलॉजी और सूचना और संचार तंत्र का संयोग मिला, इंटीग्रेटेड सिलिकॉन इलेक्ट्रोनिक्स, फोटोनिक्स का जन्म हुआ और यह कहा जा सकता है कि अब पदार्थ विज्ञान की ओर देखा जा सकेगा। जब यह पदार्थ विज्ञान बायो-टेक्नोलोजी के साथ संयुक्त होगा, तब एक नया विज्ञान पैदा होगा जिसे इंटेलिजेंट बायोसाइंस (सचेत जीव विज्ञान) कहा जाएगा। यह विज्ञान रोगमुक्त समाज बनाएगा, जो मनुष्य को लंबा सक्षम जीवन देगा।

विज्ञान का यह एकीकरण फलदायी है। मैं एक उदाहरण देता हूँ। मैं हॉर्वर्ड यूनिवर्सिटी में था और वहां के कई प्रतिष्ठित प्रोफ़ेसरों की विज्ञानशाला देख रहा था जो 'हॉर्वर्ड स्कूल ऑफ इंजीनियरिंग एंड अप्लाइड साइंस' में कार्यरत थे। मैं याद करता हूँ कि कैसे प्रोफ़ेसर होंग्कुन पार्क ने मुझे अपना, नैनो सूई का आविष्कार दिखाया। यह सूई, छेद कर के किसी एक लक्ष्य कोशिका में वांछित गुणधर्म रोप सकती है। नैनो कण विज्ञान इस तरह से जीव विज्ञान

को फिर से गढ़ रहा है। फिर मैं प्रोफ़ेसर विनोद मनोहरन से मिला। उन्होंने दिखाया कि कैसे बायो साइंस पलट कर नैनो पदार्थ विज्ञान को नया आकार दे रही है। वह डी. एन. ए. पदार्थ का उपयोग स्वतः संयुक्त कणों की रचना में कर रहे हैं। जब एक विशिष्ट प्रकार का डी.एन.ए., किसी पदार्थ के संपर्क में परमाणु स्तर पर लाया जाता है तो वह पूर्वनियोजित गुण धारण कर के उस से संयुक्त हो सकता है। यह जैविक व्यवस्थाओं के स्वतः संयुक्त होने की संभावना को स्थापित कर सकता है, जिसमें, बिना मनुष्यों के हस्तक्षेप के गहन अंतरिक्ष में कॉलोनियां बसाई जा सकती हैं, जैसा कि डॉ. के. एरिक ड्रेक्स्लर की संकल्पना में बताया गया है। इस प्रकार, जैसा मैंने देखा, केवल एक शोध के निर्माण से दो भिन्न विज्ञान एक-दूसरे को सम्पन्न कर रहे हैं। विज्ञान के क्षेत्रों में उनके पारस्परिक आदान-प्रदान से हमारे भविष्य की औद्योगिक तथा अन्य ज़रूरतें प्रभावित होंगी और हमें इसके लिये तैयारी करनी होगी। हमें विभिन्न तकनीकों के बीच सोचगत अवरोधों को हटाना होगा, और ऐसे शोध शुरू करने होंगे।

अंत में, वैश्विक रूप से, इस बात की ज़रूरत ज़ोर पकड़ रही है कि लंबे समय तक चल सकने वाली ऐसी व्यवस्थाएं बनाई जाएँ जो श्रेष्ठ टेक्नोलॉजी पर आधारित हों। यह इक्कीसवीं सदी के ज्ञान-सम्पन्न समाज का नया आयाम हैं, जिसमें विज्ञान, टेक्नोलॉजी तथा पर्यावरण, तीनों को साथ-साथ चलना होगा। इस तरह नये युग का मॉडल चार आयामों वाला होगा, जैसे बायो-नैनो-इन्फो-इको। चारों एक ही आधार पर, जोश से भर देने वाली संभावनाएं उजागर करेंगे।

मैं आप से पूछना चाहूँगा कि किस रूप में याद रखे जाने की आपकी आकांक्षा है? आप उसे लिख लें। यह कोई भी महत्त्वपूर्ण योगदान हो सकता है, चाहे आविष्कार, चाहे संकल्पना, या कोई बदलाव जो आप समाज के लिये लाना चाहें, जिसके लिये देश आपको याद करे।

8

दीपक और पतंगा

चिराग़ अलग अलग
मगर रोशनी एक जैसी
दुनियावी मौज दुनिया को तुम वापस कर चुके,
तुम मेरी अंतरात्मा में बसे हुए हो

11 जनवरी, 1999 को वायुतल पर स्थित निगरानी के लिये लगाए प्लेटफार्म 'एयरबोर्न सर्वेलेंस प्लेटफॉर्म' के गिर जाने ने मुझे बेहद ध्वस्त कर दिया। इस घटना ने वैज्ञानिक क्रिया-कलाप का एक दूसरा ही चेहरा सामने रखा, जो दर्दनाक है। मेरी, अपने दोस्त प्रोफ़ेसर अरुण तिवारी से हुई बातचीत मेरी भावनाओं को व्यक्त करती है कि वह प्रयोग, जो हमने किया वह हमारी योजना के अनुकूल परिणाम नहीं लाया और असफल हो गया। यह मेरी उन लोगों के प्रति श्रद्धांजलि है, जिन्होंने इसमें भाग लिया था।

अरुण तिवारी (ए.टी.) : जीवन से जुड़े आवश्यक प्रश्न परिवर्तन या आवेग पूर्ण घटनाओं के समय स्वतः उठ खड़े होते हैं। उन्हें आत्मपरीक्षण के माध्यम से भी अपने सामने रखा जा सकता है। यह विशेष रूप से तब जीवंत हो उठते हैं जब आत्म-विवेक, व्यक्ति के अहम को भेद कर ऊपर उठ जाता है। फ्रेंज़ काफ़्का की कालजयी रचना 'मेटामौरफोसिस' इसी विषय पर केंद्रित है।

ए.पी.जे. : मैं वह समझ सकता हूँ। एसएलवी-3 की पहली उड़ान की असफलता और अग्नि के पहले प्रयास परीक्षण में आई कठिनाइयों ने मुझे मेरी असलियत से बहुत अच्छी तरह परिचित करा दिया था, लेकिन 1999

में अराकोनम में हुई दुर्घटना ने मुझे तोड़ कर रख दिया, साथ ही इसने मेरे अहम को भी तहस-नहस कर दिया।

ए.टी. : आपने इस बारे में कभी बात नहीं की। मैं केवल आपकी पीड़ा को उतना ही देख पाया जितनी समुद्र में हिमखंड की चोटी दिखती है। बाक़ी आप अपनी व्यस्तता के समुद्र में छिपाए रहे। क्या अब आप मुझसे साझा करना चाहेंगे?

ए.पी.जे. : साझा करने से ज़्यादा, मैं उन आठ नौजवानों के प्रति अपनी श्रद्धांजलि व्यक्त करना चाहूँगा जिन्होंने इस वैज्ञानिक कार्यकलाप में अपनी जान गंवा दी। राष्ट्र को उन नायकों के बारे में जानना चाहिए जो अप्रशंसित रह गए। उनके परिवारों ने जो दर्द सहा, वह सामने आना चाहिए।

ए.टी. : सर, क्या आप एयरबोर्न सर्वेलेंस प्लेटफॉर्म (ए.एस.पी.) दुर्घटना के बारे में बात कर रहे हैं जो 1999 में घटी थी?

ए.पी.जे : हां, ए.एस.पी. दुर्घटना जो अराकोनम के पास घने जंगलों में घटी थी।

ए.टी. : मैंने इस घटना के बारे में के. रामचंद्र से बात की थी। वह सिस्टम इंजीनियर थे। उन्होंने मुझे बताया कि एवरो एयरक्रॉफ्ट, जिसके ऊपर एयरबोर्न सर्वेलेंस सिस्टम बतौर रोटोडोम लगाया गया था, दोपहर दो बजे हवाई पट्टी से उड़ा और दस हज़ार फीट की ऊंचाई पर जाकर चेन्नई तट की ओर घूम गया। अराकोनम और चेन्नई तट के बीच राडार टेस्टिंग की गयी। परीक्षण उड़ान के लिये लक्ष्य एयरक्रॉफ्ट ए.एन.-32 था, जो एवरो के उड़ने से पंद्रह मिनट पहले ही उड़ चुका था। समुद्र तथा ज़मीन से राडार की जांच की गयी थी। मिशन के सदस्यों की 'वेरी हाई फ्रीक्वेंसी' (वी.एच.एफ.) रिपोर्ट के अनुसार संवाद बहुत अच्छा हुआ था। डेढ़ घंटे की परीक्षण उड़ान के बाद लक्ष्य एयरक्रॉफ्ट अराकोनम में शाम करीब चार बजे उतरा। उसके बाद ए.एस.पी. एयरक्रॉफ्ट ने चेन्नई से अराकोनम की ओर रुख किया और एयरफील्ड से 10,000 फीट से 5000 फीट की ऊंचाई तक उतर आया। जब यह एयरक्रॉफ्ट एयरफील्ड से करीब पांच नौटिकल मील दूर और, तीन से पांच हज़ार फीट ऊपर था, तभी उसका रोटोडोम टूट कर अलग हो गया। इस से एयरक्रॉफ्ट डगमगाया और आठ चालक दल के सदस्यों की जान लेते हुए ज़मीन पर आ गिरा।

ए.पी.जे. : जब मुझे इस दुर्घटना की खबर मिली, मैं अपने साउथ ब्लॉक के ऑफिस में डिफेन्स रिसर्च कौंसिल की मीटिंग में बैठा था। मैं तुरंत बंगलौर भागा ताकि शोकमग्न परिवारों के साथ जुड़ सकूँ। मेरे साथ एयर मॉर्शल ए. वाई. टिपनिस भी थे। मेरे लिये यह बहुत कठिन पल थे। मारे गये लोगों की युवा पत्नियाँ बिलख रही थीं और उनके माता-पिता स्तब्ध खड़े थे। एक महिला ने अपने नवजात शिशु को मेरी गोद में डालते हुए कहा, 'अब इस नन्ही-सी जान की देखभाल कौन करेगा?' दूसरी महिला चिल्लायी, 'यह आपने क्यों किया मिस्टर कलाम?'

ए.टी. : रामचंद्र ने मुझे वह सूची दी थी जिसमें मरने वाले ऑफिसर्स के नाम थे : स्क्वेड्रन लीडर पी. वेंकटरमण एयरक्राफ्ट उड़ा रहे थे। पी. इलान्गू इन्सट्रूमेंटेशन इंजीनियर थे और के. पी. शाजू राडार सिस्टम इंजीनियर, 'सेंटर फॉर एयरबोर्न सिस्टम्स' (सी.ए.बी.एस.) से थे। डी. नरसिंहस्वामी राडार प्रोसेसिंग साइंटिस्ट थे। आई. जयकुमार सिग्नल प्रोसेसिंग साइंटिस्ट, 'इलेक्ट्रॉनिक्स रिसर्च एंड डेवलपमेंट इसटैबलिशमेंट' (एल.आर.डी.ई.) से थे। स्क्वेड्रन लीडर एन.वी. सेशु, आर. भटनागर और एस. रवि वायुसेना के अधिकारी थे।

ए.पी.जे. : शायद ही कुछ अवशेष बचे थे। परिवारों की तसल्ली के लिये अधिकारियों ने ताबूत मंगवा लिये थे और उन्हें कम्युनिटी हॉल में रखवा दिया गया था।

ए.टी. : हे भगवान!

ए.पी.जे. : अपने गहरे दुःख की मनःस्थिति में मैं मुश्किल से कुछ शब्द अपने शोक सन्देश में बुदबुदा पाया।

ए.टी. : ऐसे में मुझे अब्राहम लिंकन का पत्र याद आ रहा है जो उन्होंने एक स्त्री को लिखा था जिसके पांच बेटे वीरतापूर्वक युद्ध में मारे गये थे :

> मैं समझ सकता हूं कितने कमज़ोर और बेमानी होंगे मेरे कहे गये शब्द, जो तुम्हें उस गहरी क्षति से उपजे दुःख से भुलावा देने के लिये कहे जाएँगे। लेकिन मैं खुद को सांत्वना में कुछ ऐसा कहने से रोक नहीं पा रहा हूँ जिसमें उस गणतंत्र का कृतज्ञताज्ञापन है जिसकी रक्षा करते हुए वह मारे गये।
>
> मैं प्रार्थना करता हूँ कि परम पिता परमात्मा तुम्हारी गहरी वंचना की अग्नि को शांत करे, तुम अपने खोये हुए प्रिय पुत्रों

की स्मृतियों से संतोष प्राप्त करो कि तुमने अपने बहुमूल्य त्याग से स्वतंत्रता की रक्षा की है।

ए.पी.जे. : विलाप करती विधवाओं की याद, पथराये हुए माता-पिता, मेरी गोद में पड़ा हुआ निर्दोष नवजात शिशु, और ताबूतों में रखे प्रतीकात्मक शव, मुझे यहाँ राष्ट्रपति भवन में बैठे हुए कचोटते हैं। क्या कुछ एक राजनीतिक गतिविधियां और शिष्टाचार की औपचारिकता उस दर्द और यातना को समझ पाएगी जो फील्ड और प्रयोगशालाओं में काम करते लोग झेल रहे हैं?

ए.टी. : सन्देश क्या है?

ए.पी.जे. : दीपक होने का ढोंग मत करो, पतंगा बनो। सेवा करने में छिपी हुई शक्ति को पहचानो। हम शायद राजनीति के बाहरी रूप से प्रभावित हो कर उसे भूल से राष्ट्र-निर्माण मानने लगे हैं। वह त्याग, कठिन परिश्रम और पराक्रम, कभी-कभी ही दिखता है, जो सचमुच राष्ट्रनिर्माण कहलाता है।

'एयरबोर्न सर्वेलेंस प्लेटफॉर्म' की दुर्घटना मेरे जीवन की सबसे हृदय-विदारक घटना थी। मैंने इस बातचीत को यह बताने के लिए सामने रखा है कि मैंने इसे कितनी गहराई से महसूस किया। साथ ही, मैं यह भी बताना चाहता हूँ कि जटिल अभियानों को पूरा करने में पूरा जीवन लग जाता है। लेकिन ये दुःखद झटके हमें मज़बूत भी बनाते हैं।

9

मेरी गुजरात यात्रा

देवदूत अपने ज्ञान के कारण स्वतंत्र है
पशु अपनी अबोधता के कारण
इन दोनों के बीच, मनुष्य की संतान संघर्ष करती है
—रूमी

विकास का एक स्तंभ गरीबी और निरक्षरता को पूरी तरह समाप्त कर देना है और इस पर मैंने बहुत गहराई से विचार किया है। साथ ही हमें एक ऐसा समाज विकसित करना है जिसमें स्त्री और बच्चों के प्रति अपराध न हों और कोई भी वर्ग अलगाव की त्रासदी का शिकार न हो। अगस्त 2002 में अपनी गुजरात की यात्रा के दौरान मेरे मन में यह विचार सघन थे, और राष्ट्रपति बनने के तुरंत बाद मैंने पहला बड़ा काम यही उठाया। राज्य अभी कुछ ही महीने पहले हुए दंगों के आघात से गुज़रा था और उसकी पीड़ा अभी भी हज़ारों छिन्न-भिन्न हो गये लोग झेल रहे थे। यह एक ज़रूरी और संवेदनशील काम था, क्योंकि यह विलक्षण परिस्थितियों में हुआ कांड था। इसमें राजनीतिक माहौल बहुत गर्म था। मैंने तय किया कि मेरा लक्ष्य, क्या हुआ था और क्या हो रहा है यह देखना नहीं है, बल्कि यह देखना है कि क्या किया जाना चाहिए। क्या हुआ था, यह पहले से ही संसद और न्यायिक व्यवस्था की कार्यवाही का विषय है और उस पर चर्चा भी जारी है।

अभी तक कोई भी राष्ट्रपति ऐसी परिस्थितियों में किसी ऐसे क्षेत्र में नहीं पहुंचा था, इसलिए मेरे जाने की ज़रूरत पर भी सवाल उठाये गये थे। मंत्रालय और नौकरशाही स्तर पर भी मुझे सलाह दी जा रही थी कि मैं इस

समय गुजरात न जाऊं। खैर, मैंने तय कर लिया कि मैं जाऊँगा, और राष्ट्रपति भवन में इसकी पूरी तैयारी होने लगी क्योंकि बतौर राष्ट्रपति यह मेरा पहला दौरा था।

प्रधानमंत्री अटल बिहारी वाजपेयी ने मुझसे बस एक प्रश्न पूछा, 'आप क्या इस समय अपने गुजरात दौरे को ज़रूरी समझते हैं?' मैंने उनको उत्तर दिया, 'मैं इसे अपनी एक ज़रूरी ज़िम्मेदारी समझता हूँ, जिससे मैं उनके दर्द कुछ कम कर सकता हूँ, और वहां पहुँचने वाले राहत कामों को तेज़ करवा सकता हूँ। मैं वहां मानसिक एकता का माहौल बना सकता हूँ, जिस पर मैंने अपने शपथग्रहण समारोह में ज़ोर दिया था।'

इस संबंध में बहुत-सी शंकाएं व्यक्त की गयी थीं। जैसे, मुख्यमंत्री मेरे दौरे का बहिष्कार करेंगे, मेरा अधमना स्वागत होगा, मुझे बहुत तरफ से विरोध का सामना करना पड़ेगा, लेकिन मेरे लिये यह एक बड़ा आश्चर्य था कि न केवल मुख्यमंत्री बल्कि उनका पूरा मंत्रिमंडल, बहुत-से विधायक, अधिकारी और बड़ा जनसमुदाय एयरपोर्ट पर उपस्थित था। मैंने बारह क्षेत्रों, तीन राहत कैम्प और उन नौ दंगा प्रभावित क्षेत्रों का दौरा किया जिनमें बहुत अधिक नुकसान हुआ था। मुख्यमंत्री नरेन्द्र मोदी मेरी यात्रा के समय लगातार मेरे साथ रहे। एक तरह से, इसका फायदा मुझे यह हुआ कि जब मेरे सामने दावे और शिकायतें पेश हुईं, वह मेरे साथ थे और मैं उनसे कह सका कि उन पर जितनी जल्दी हो सकेगा, कार्यवाही की जाएगी।

मुझे एक दृश्य याद है। जब मैं एक राहत कैम्प में पहुंचा, एक छह बरस के बच्चे ने आकर मेरे दोनों हाथ थामे और कहा, 'राष्ट्रपति जी, मुझे मेरे माता-पिता चाहिए,' मैं निरुत्तर था। उसी समय मैंने जल्दी से ज़िला कलक्टर के साथ एक मीटिंग की। मुख्यमंत्री ने भी आश्वासन दिया कि उस बच्चे की पढ़ाई और देखभाल सरकार की ओर से की जाएगी।

जब मैं अहमदाबाद और गांधी नगर में था, समाज के सभी वर्गों के लोग मुझसे बात करना चाहते थे और अपनी समस्याएँ और विचार मुझ तक पहुंचाना चाहते थे। ऐसे ही गुजरात में एक मीटिंग में करीब दो हज़ार लोग मेरे पास पहुँच गये। वह गुजराती में बोल रहे थे और मेरा एक दोस्त उनका अनुवाद कर रहा था। मुझसे करीब पचास सवाल पूछे गये और मेरे सामने डेढ़ सौ दावे पेश हुए।

खास तौर पर दंगों के सन्दर्भ में, अहमदाबाद में दो जगहों पर मेरा जाना बहुत खास महत्त्व का रहा। मुझे अक्षरधाम में प्रमुख स्वामीजी महाराज ने बुलाया और वहां मेरा स्वागत हुआ। मैंने उनसे दिलों की एकता के अपने अभियान के बारे में, और गुजरात राज्य के लोगों के मन को सहलाने की बात की, जिसने राष्ट्र को कभी महात्मा गाँधी, सरदार वल्लभभाई पटेल तथा विक्रम साराभाई जैसे महान पुरुष दिए थे।

मैं साबरमती आश्रम भी गया और आश्रमवासियों से भेंट की। उनके चेहरे भी वेदना से भरे हुए थे, हालांकि वह अपने दैनिक काम में मशीनी ढंग से, व्यस्त दिख रहे थे। ऐसा ही परिदृश्य मैंने अक्षरधाम में भी देखा था। इस बात से मैं भी सोच में पड़ गया था कि कैसे, इन दोनों संस्थानों के होते हुए, जहाँ के आध्यात्मिक वातावरण में प्रेम और मानवता का समाज में सुरभित संचार होता हो, वहां दंगों की दर्दनाक परिणति बचाई नहीं जा सकी। ऐसा मैं इसलिए कह रहा हूँ कि हमारा देश, जिसको विरासत में विकसित सभ्यता मिली है, जहाँ बड़े महान लोगों ने जन्म लिया है और वह पूरे विश्व के सामने आदर्श चरित्र बन कर स्थापित हुए हैं, वहां ऐसे त्रासद साम्प्रदायिक दंगे, कभी नहीं होने चाहिए।

अपनी पूरी यात्रा के दौरान बस एक विचार मेरे मन में बना रहा। हमारे हाथ में बहुत-से ज़रूरी काम हैं जिनसे हमें जनजीवन में सुधार लाना है और विकास की गति को तेज़ करना है। लेकिन क्या केवल विकास ही हमारा लक्ष्य नहीं होना चाहिए? कोई भी नागरिक, वह चाहे किसी भी आस्था से जुड़ा हुआ हो, आनंदपूर्वक जीना उसका मौलिक अधिकार है। किसी को भी दिलों की एकता को खतरे में डालने का कोई अधिकार नहीं है, क्योंकि हमारी वैचारिक एकता ही देश की जीवन रेखा है और यही हमारे देश को विशिष्ट बनाती है। आखिर न्याय और लोकतंत्र का अर्थ क्या है? देश के हर एक नागरिक को सम्मानपूर्वक, रहने का अधिकार है और अपना वैशिष्ट्य अर्जित करने का अधिकार है। लोकतंत्र है ही इसलिए कि नागरिक उचित रास्ते से चल कर अधिक से अधिक अवसरों का लाभ उठा सकें और अपना सम्मान और वैशिष्ट्य बनाए रख सकें। हमारा संविधान भी इसी परिणाम का पक्षधर है। सच्चे और जीवंत लोकतंत्र का एक लक्षण जो जीवन को सम्पूर्ण और जीने लायक बनाता है, वह है विभिन्न लोगों के विश्वास तंत्र और उनकी जीवन शैली के प्रति सहिष्णुता।

मैं समझता हूँ कि यह बहुत ज़रूरी है कि हम सब मिल कर मन की एकता बढ़ाने के लिये काम करें। दूसरों के विचारों के प्रति असहिष्णुता, दूसरों के धर्म और उनकी जीवन शैली के प्रति अवमानना, और ऐसे मतान्तरों को लेकर लोगों के खिलाफ हिंसक अभिव्यक्ति किसी भी तरह से न्यायोचित नहीं ठहराई जा सकती। हम सबको मिल कर प्रत्येक जन के अधिकारों की रक्षा के हित में काम करना चाहिए। यही लोकतांत्रिक मूल्यों की बुनियाद है, जो हमारी राष्ट्रीय विरासत है, देश की आत्मा है।

जब मैंने अपना दो दिन का दौरा पूरा किया तो मीडिया ने मेरा सन्देश पाना चाहा। इसके लिये एक प्रेस कॉन्फ्रेंस बुलाई गयी। मैंने एक वक्तव्य के ज़रिये अपने विचार व्यक्त किये। मैंने कहा कि एक गंभीर आंदोलन इस अभीष्ट को लेकर चलाने की ज़रूरत है कि साम्प्रदायिकता और किसी भी तरह की कलह को समाज से पूरी तरह से मिटाया जाए, और मानसिक एकता का वातावरण बने।

प्रत्येक व्यक्ति का यह मूलभूत अधिकार है कि वह अपनी धार्मिक, सांस्कृतिक और भाषा संबंधी आस्था के अनुसार रह सके। हम उसे भंग करने के लिये कुछ नहीं कर सकते।

10

वसुधैव कुटुम्बकम्

मैं विश्व नागरिक हूँ,
सारे नागरिक मेरे स्वजन हैं

मेरी बहुत अधिक विदेश यात्राएं नहीं हुई हैं क्योंकि अपने काम-काज के दिनों में मेरे पास देश का ही बहुत काम रहा करता था। देश का पहला नागरिक होने के नाते, विभिन्न देशों के राज्याध्यक्षों का भारत आने पर उनका स्वागत करना और उनसे किये गये अनुबंधों पर विदेश जाना मेरे काम का हिस्सा हो गया। जब भी कोई विदेशी प्रतिनिधिमंडल भारत आया, राष्ट्रपति भवन का दल उसके भव्य स्वागत सत्कार में लग गया और उसे भारत की उपलब्धियां दिखाने में व्यस्त हो गया। मेरे लिये, हमेशा सबसे महत्त्वपूर्ण यह पक्ष रहा है कि भारत की मूलभूत दक्षता प्रस्तुत की जाए और अपने देश के हित में कैसे उनसे उनके तरीके सीखे जाएँ। इस सोच ने विश्वज्ञान के धरातल की अवधारणा को जन्म दिया, जो मेरी बहुत-से विशेषज्ञों और प्रतिष्ठित व्यक्तियों से बातचीत के ज़रिये विकसित हुई। हमने पर्यावरण के क्षय पर अपनी चिंता को साझा किया और ऊर्जा आत्म-निर्भरता पर बातचीत की। हमने आगंतुकों को भारत के सूचना तंत्र, ई-गवर्नेंस तथा औषधि विज्ञान के क्षेत्र में अर्जित क्षमताओं से परिचित कराया। मुझे खुशी है कि हमारी हर भेंट का नतीजा दोनों ही या सभी देशों के लिये उपयोगी कार्यक्रम का आधार बना।

मेरी हर विदेश यात्रा किसी न किसी रूप में महत्त्वपूर्ण रही। सूडान में बातचीत देश के उत्तरी भाग से लेकर खार्तूम तक तेल की पाइप लाइन बिछाने

के निर्णय के साथ पूरी हुई। इस योजना को पूरा करने में करीब एक अरब डॉलर का खर्च आएगा जिसमें भारत भी सहयोग देगा। आज सूडान से भारत तक तेल पहुँच रहा है। यूक्रेन में बहुत व्यस्त कार्यक्रम रहा। इस यात्रा से अंतरिक्ष कार्यक्रमों को आगे बढ़ाने में सहायता मिली। मैं यहाँ उन यात्राओं की कुछ झलकियाँ ही दे रहा हूँ। सितम्बर 2004 में मैं दक्षिण अफ्रीका गया। वहां के राष्ट्रपति थाबो म्बेकी ने अनुरोध किया कि मैं जोहान्सबर्ग में 53 अफ्रीकी देशों की पैन-अफ्रीकन संसद को संबोधित करूँ। मैंने यह अनुरोध सहर्ष स्वीकार कर लिया। अपने दल के सदस्यों के साथ भाषण की तैयारी करने बैठे तो हम सबके सामने यह सवाल था कि वह कौन-सी डोर है, जो अफ्रीका के राष्ट्रों को भारत की मूल क्षमता से जोड़ती है। इससे 'पैन-अफ्रीकन ई-नेटवर्क' की अवधारणा बनी जो अफ्रीका को भारत के बारह विश्वविद्यालयों और सत्रह विशेष सुविधा युक्त अस्पतालों से जोड़ेगा जिससे अफ्रीकी देशों को शिक्षा, स्वास्थ्य तथा ई-गवर्नेंस की सेवाएं प्राप्त होंगी। भारत पैन-अफ्रीकी देशों से राष्ट्राध्यक्षों को भी अपनी संचार दक्षता के माध्यम से जोड़ेगा जिस से उनके बीच में सहज संवाद आसान हो जाएगा। शुरू में विशेषज्ञों का अनुमान था कि इस ई-नेटवर्क को बनने में पांच से दस करोड़ अमरीकी डॉलर खर्च होंगे। यह प्रस्ताव पैन-अफ्रीकन संसद के सामने रखने के पहले मैंने प्रधानमंत्री मनमोहन सिंह को इस से अवगत कराया। उन्हें लगा कि यह प्रस्ताव भारत सरकार के 'फोकस अफ्रीका' लक्ष्य के अनुकूल है, और यह भारत और पैन अफ्रीकी देशों के बीच सहयोगी भूमिका बनाएगा।

26 फरवरी 2009 को इस कार्यक्रम का विधिवत उद्घाटन भारत सरकार के हाथों सम्पन्न हुआ और अब तक यह भरपूर गति पकड़ चुका है। आज ई-नेटवर्क व्यवस्था अंतरराष्ट्रीय सामाजिक ज़िम्मेदारी निभाने की अच्छी कार्यविधि बन गयी है।

~

शायद यह 2006 की बात है। यूरोपियन पार्लियामेंट के प्रेसिडेंट जोसेप बोरेल फोंटेल्स ने मुझे राष्ट्रपति भवन में फोन किया। बातचीत के दौरान उन्होंने मुझसे मेरे प्रिय विषय, ज्ञान सम्पन्न नागरिक पर देर तक चर्चा की। इस विषय के बारे में उन्होंने मेरी वेबसाइट पर पढ़ा था। उन्होंने मुझसे बहुत-से सवाल

पूछे। वह गहरे चिंतन से उपजे सार्थक सवाल थे। बातचीत के बाद उन्होंने मुझे यूरोपियन संसद को संबोधित करने के लिये आमंत्रित किया। इस यूरोपियन संसद में सत्ताईस राज्यों के संघ के 785 सदस्य थे। उनका अनुरोध था कि मैं संसद का यह संबोधन अपने राष्ट्रपति पद का कार्यकाल पूरा होने के पहले सम्पन्न करूँ। खैर, 2006 में अपनी अत्यधिक व्यस्तता के कारण मैं यह काम 25 अप्रैल 2007 को ही कर पाया। उस समय तक हैंस-गर्त पौट्टेरिंग ने फोंटेल्स के बाद राष्ट्रपति का पद ग्रहण कर लिया था।

चूंकि यह संबोधन बहुत महत्त्वपूर्ण था, इसलिए मैंने इसकी तैयारी अपने जाने के बहुत पहले से शुरू कर दी थी। मैंने अपने मित्रों, चिंतकों, राजनेताओं, वैज्ञानिकों और युवाओं के साथ कई विचार-मंथन सत्र किये। मैंने विशेष रूप से इस अवसर के लिये एक कविता 'धरती माता का सन्देश' भी लिखी। वह कविता यह बताती थी कि कैसे यूरोपियन राष्ट्र आपस में लड़ते हुए कई बड़ी लड़ाइयों से गुज़रे और फिर अंततः अपने सदस्य राष्ट्रों के आर्थिक विकास, समृद्धि, शांति तथा आनंद के हित में यूरोपियन संघ बना कर एकजुट हो गये। यह क्षेत्रीय सहयोग के साथ अग्रगामी सक्रियता के द्वारा संभव हुआ।

जब मैं 25 अप्रैल को सुबह वहां पहुंचा, राष्ट्रपति और उनके सहयोगियों ने मेरा स्वागत किया। यूरोपियन संघ के 785 सदस्यों को एक साथ बैठा देखना और दर्शकदीर्घा का खचाखच भरा होना एक प्रभावशाली दृश्य था।

इस अवसर पर 'राष्ट्रों की एकता का गतिसिद्धांत' मेरे वक्तव्य का विषय था जिसमें मैंने सभ्यताओं के समन्वय पर ज़ोर दिया था, न कि सभ्यताओं के टकराव पर। ज्ञान सम्पन्न नागरिकता के विकास पर केंद्रित मेरे व्याख्यान के तीन तत्त्व थे—मूल्यबद्ध शिक्षा, अध्यात्म की ओर केंद्रित होता धर्म और राष्ट्र के विकास के माध्यम से सामाजिक परिवर्तन। मैंने भारत और यूरोप के लिये ऊर्जा आत्मनिर्भरता की ज़रूरत पर भी अपनी बात कही, और इसे हासिल करने के तरीके भी बताये। मेरे व्याख्यान के बीच में तालियाँ भी बजीं। अपने व्याख्यान के अंत में मैंने सब सदस्यों की अनुमति से वह कविता पढ़ी जो मैंने इस अवसर के लिये विशेष रूप से लिखी थी :

धरती माता का सन्देश

सुन्दर परिवेश रचता है
सुन्दर विचार,
सुन्दर विचारों से
ताज़गी और कृतित्व का सृजन होता है

क्यों रचे गये हर ओर,
धरती और भूमि को खोजने वाले
रचने वाले, सुचिंतन और नवनिर्माण
महान वैज्ञानिक, आविष्कार

अनेक अनुसंधानों का क्रम चला
खोजे गये द्वीप और अनचीन्हे भू-भाग
अनजानी राहों पर अनायास गुज़रते हुए
निर्मित हुए राजमार्ग

सर्वश्रेष्ठ चेतना के बीच में भी कहीं
उपजा निकृष्ट,
बोये गये युद्ध और घृणा के बीज
सदियों की युयुत्सा और भीषण रक्तपात

धरती और समुद्र में विलय हो गये
अनगिनत अबोध शिशु,
कितने ही राष्ट्र आंसुओं के सैलाब में डूब गये
कितनों को दुःख के अजगर ने निगल लिया
तब जा कर अमृत-सी संकल्पना हाथ आई,
गढ़ा गया
यूरोपीय संघ

ली गयी शपथ
कि अब कभी नहीं होगी,
मानवीय ज्ञान की अवमानना
न अपने विरुद्ध,
न दूसरों के

अपने विचारों में एकसूत्र
निकल पड़े राष्ट्र
यूरोपीय संघ का उदय हुआ
कि शांति और समृद्धि वहां यूरोप में सघन होगी।
उन उल्लासमयी बंधनों का प्रताप रचा गया
स्वतः बंध गये लोग,
ओह, यूरोपीय संघ, तुम्हारा संकल्प,
विलय हो जाय हवा में
बने सांस जन जन की

जैसे ही मैंने कविता पाठ पूरा किया, मैं संसद में उपस्थित सभी सदस्यों की प्रतिक्रिया से अभिभूत हो गया। वहां जो लोगों ने उठ खड़े हो कर अपना मनोभाव व्यक्त किया, वह मेरे देश के लिए उनकी ओर से बहुत बड़ी प्रशस्ति थी। उसके उत्तर में मैंने अपने देश के एक अरब लोगों की ओर से यूरोपीय संघ के सभी देशों के नागरिकों का धन्यवाद व्यक्त किया। अपने व्याख्यान के बाद, और जो मैंने धन्यवाद ज्ञापन किया, उनके उत्तर में जो राष्ट्रपति पोत्तेरिंग ने कहा, मैं उसे उन्हीं के शब्दों में प्रस्तुत करता हूँ :

'राष्ट्रपति श्री अब्दुल कलाम जी, यूरोपीय संघ की ओर से मैं आपको इस अत्यंत प्रेरणादायक भाषण के लिये धन्यवाद देता हूँ। यह हमारे लिये बहुत ही असाधारण और किसी भी राजनयिक, वैज्ञानिक और कवि द्वारा दिए गये व्याख्यान का सर्वोत्तम उदाहरण है। महान भारत देश के लिये हमारी शुभकामनाएं, महान देश भारत और यूरोपीय संबंध के बीच इस सहयोगी भेंट के लिये हमारी शुभकामनाएं, आपके लिये, श्रीमान राष्ट्रपति, हमारी शुभकामनाएँ!'

मेरे वक्तव्य के बाद बहुत-से सदस्यों ने मुझसे मेरे व्याख्यान के अनेक

पक्षों के बारे में विचार-विमर्श किया। इन सब का सार उनका यह भाव था कि भारत मानवीय मूल्यों से समृद्ध एक महान राष्ट्र है।

मैं यूरोपीय संघ में दिए गये अपने व्याख्यान को बहुत अधिक महत्त्वपूर्ण इस दृष्टि से मानता हूँ, कि यह विश्व भर में मानसिक एकता का भाव विकसित करने का कदम था। मेरा व्याख्यान बहुत से देशों में उद्धृत किया गया और वेबसाइटों तथा 'यू-ट्यूब' के माध्यम से प्रसारित हुआ।

भारत लौटने के बाद मैंने देश की संसद को संबोधित किया और सबको बताया कि यूरोपीय संघ बहुत से अभियानों में भारत के साथ जुड़ कर काम करना चाहती है, जैसे ऊर्जा आत्मनिर्भरता तथा विश्व ज्ञान का धरातल ('वर्ल्ड नौलेज प्लेटफॉर्म') तैयार करना, जिससे भारत इस शुभारंभ को आगे बढ़ाए।

~

जब मैं ग्रीस गया तो मैंने विशेष रूप से सुकरात की गुफा देखने जाना पसंद किया। लोग प्रायः वहां जाने से बचते हैं क्योंकि वहां पहुँचने का रास्ता पहाड़ी है और कठिन भी है। मेरे अनुरोध पर वहां मेरे जाने की व्यवस्था की गयी। मैंने उस गुफा में बस चंद मिनट गुज़ारे। वहां बस टिमटिमाते प्रकाश की व्यवस्था थी। उन पांच मिनटों में मैं वहां अकेला था। मैं ध्यान की मनःस्थिति में था। मैं मनन कर रहा था कि सुकरात ने, जो कि विश्व का एक महान चिन्तक था, विषपान कर के अपना जीवन समाप्त क्यों किया। मैंने उसके शब्द याद किये, कि उसके द्वारा उच्चारित विवेकपूर्ण उपदेश उसके जीवन से अधिक मूल्यवान हैं। अचानक उस अँधेरी गुफा में कोई भी उस तार्किकता का प्रकाश देख सकता था, जो सुकरात दुनिया को दे गया।

~

वर्ष 2005 में मैं स्विट्ज़रलैंड गया। जब मैं वहां पहुंचा, एक विस्मय मेरी प्रतीक्षा कर रहा था। उप-राष्ट्रपति ने बताया कि मेरी यात्रा के सम्मान में 26 मई, 2005 की तारीख को वहां 'विज्ञान दिवस' घोषित किया गया है। यह निस्संदेह स्विस सरकार की ओर से अप्रत्याशित एक मनोभाव की अभिव्यक्ति थी। जब मैं राष्ट्रपति से मिला तब मैंने उन्हें इसके लिये धन्यवाद दिया। उन्होंने बताया कि उन्होंने मेरी दो पुस्तकें, *इग्नाइटेड माइंड्स* और *भारत-2020 : ए विज़न*

फॉर द न्यू मिलेनियम पढ़ी हैं। उनसे प्रभावित हो कर उन्होंने अपनी संसद को मेरी अंतरिक्ष तथा रक्षा विज्ञान संबंधी उपलब्धियों की जानकारी दी और संसद ने तय किया कि मेरी यात्रा के दिन को स्विट्ज़रलैंड में विज्ञान दिवस के रूप में मनाया जाए। वहां मुझे वैज्ञानिक प्रयोगशालाएं देखने और शोधार्थियों, विद्यार्थियों और शिक्षाविद लोगों से भेंट करने का अवसर मिला। मैं ज्यूरिख में स्थित 'स्विस फेडरल इंस्टीटयूट ऑफ टेक्नोलॉजी' भी गया, जहाँ आइंस्टीन पहले-पहल तब पढ़े थे, जब वह जर्मनी से आये थे। वहां मैंने बोस और आइंस्टीन की वह प्रयोगशाला देखी, जहाँ वह दोनों, छह अन्य वैज्ञानिकों के साथ 'बोस-आइंस्टीन सिद्धांत' पर प्रयोग कर रहे थे। यहाँ भी मुझे प्राध्यापकों और विद्यार्थियों को संबोधित करने का मौका मिला और मैंने 'टेक्नोलॉजी और राष्ट्रीय विकास' विषय पर अपना व्याख्यान दिया। मैंने विद्यार्थियों को संबोधित करते हुए अपने वक्तव्य का उपसंहार सर सी. वी. रमन के उद्धरण से किया, 'हमें विजय की भावना जुटानी है। हमें वह ऊर्जा जुटानी है जो हमें इस पृथ्वी पर हमारे वांछित, सार्थक गंतव्य तक ले जाएगी। हमें वह कृतित्व जुटाना है जो हमें यह पहचान दिलाएगा कि हम इस ब्रह्माण्ड में किसी भी न्यायोचित स्थान के अधिकारी हैं, यदि हम में वह अदम्य साहस आ जाए, तो कोई भी हमें अपनी वांछित नियति पा लेने से रोक नहीं सकता।'

~

मैं डॉ. नेल्सन मंडेला का ज़िक्र करने से खुद को रोक नहीं सकता, जिनसे मैं वर्ष 2004 में मिला था। कोई भी उनके महान व्यक्तित्व से दो बड़े गुण सीख सकता है। एक, अदम्य साहस, और दूसरा ईश्वरीय क्षमाशीलता।

केपटाउन अपने टेबल माउंटेन के लिये प्रसिद्ध है। उसकी तीन चोटियाँ हैं : टेबल चोटी, डेविल चोटी और फेक चोटी। यह चोटियाँ दिन भर छितरे हुए बादलों के कारण अपना सौंदर्य बिखेरती रहती हैं। कभी गहरे रंग के बादल, कभी सफेद, जो चोटियों को घेरे रहते हैं। हम हेलिकॉप्टर द्वारा केपटाउन से रोब्बेन द्वीप तक गये। जब हम वहां पहुंचे हमारा स्वागत दक्षिण अफ्रीकी अहमद कथ्राडा ने किया, जो डॉ. नेल्सन मंडेला के साथ कारावास में था। मैं वह छोटी-सी कोठरी देख कर दंग रह गया, जिसमें छह फुट कद के डॉ. मंडेला छब्बीस वर्षों तक, काले-गोरों का भेद मिटाने की कोशिश के अपराध में कैद

रहे थे। उनके जीवन का अधिकांश भाग उसी द्वीप में बीता। उन्हें दिन की धूप में, पास की पहाड़ी पर खदानों में काम करने के लिये ले जाया जाता था। यह तब था, जब उनकी नज़र बहुत कमज़ोर हो गई थी। यातनाएं दिए जाने के बावजूद उनके अदम्य साहस में कोई कमी नहीं आयी। अपनी उसी कोठरी में, वार्डेन के सोने चले जाने के बाद, उन्होंने अपनी पुस्तक, *लौंग वाक टू फ्रीडम* लिखी जो बाद में बहुत प्रसिद्ध हुई।

मेरा उनसे जोहान्सबर्ग में, उनके आवास पर मिलना एक बहुत बड़ी घटना थी। जब मैंने उनसे हाथ मिलाया, मुझे लगा कि मैं किसी महान आत्मा का हाथ छू रहा हूँ। जब वह उठ कर खड़े हुए, उन्होंने अपनी छड़ी छोड़ दी। मैंने उन्हें सहारा दिया। उनसे हम एक बड़ा पाठ भी सीख सकते हैं। यह पाठ तिरुक्कुरल में भी लिखा है : 'जो तुम्हारे लिये बुरा करे, उसके लिए सबसे बड़ी सज़ा यह है कि तुम उसके साथ भला बर्ताव करो।'

~

रेलगाड़ियों से मेरा वास्ता मेरे बचपन के दिनों से जुड़ा है, जब मैं रामेश्वरम में बांटे जाने वाले अखबार, जिन्हें रेलगाड़ी से नीचे फेंका जाता था, उठाता था। रेल यात्राएं अपने देश को देखने और उसकी माटी की गंध महसूस करने के लिये बहुत अच्छा ज़रिया हैं। कभी-कभी, जब प्राकृतिक दृश्यों की धुंध अपने में समेट लेती है और गाँव और खेत का नज़ारा लुका-छिपी में दिखता है, रेलगाड़ी में यात्रा के समय किन्हीं समस्याओं से जुड़ कर उनका हल सोचा जा सकता है। कुल मिला कर, रेल यात्रा एक बहुत आनंददायक प्रसंग है, इसीलिए मैंने प्रेसिडेंशियल ट्रेन चलवाने का निर्णय लिया।

प्रेसिडेंशियल सैलून में जुड़वां कोच का एक जोड़ा होता है, और वह सैलून केवल राज्याध्यक्षों के लिये आरक्षित होता है। कोचों में, एक मुख्य कमरे के साथ भोजन कक्ष होता है, एक कॉन्फ्रेंस रूम तथा राष्ट्रपति का शयन-कक्ष होता है। उसमें एक रसोई, एक कमरा जिसमें राष्ट्रपति के सचिव तथा अन्य कर्मचारी रह सकते हैं। उन्हीं के साथ रेलवे के वह कर्मचारी भी रहते हैं जो गाड़ी के साथ चलते हैं। यह कोच वैभवशाली ढंग से सज्जित होते हैं, इनमें सागौन की लकड़ी का फर्नीचर, गद्दियों पर रेशमी कवर तथा परदे शोभायमान होते हैं।

इन कोचों का प्रयोग 1960 में तथा 1970 के शुरुआती वर्षों में हुआ। एक परंपरा थी कि राष्ट्रपति अपना कार्यकाल पूरा कर के इन्हीं सैलूनों में नई दिल्ली से अपने निवास गंतव्य को जाता था, जहाँ उसे आगे रहना होता था। ऐसे सैलून को सेवानिवृत्त राष्ट्रपति के रूप में 1977 में नीलम संजीव रेड्डी ने चुना था।

इन प्रेसिडेंशियल कोचों का प्रयोग बाद में संभवतः सुरक्षा कारणों से बंद हो गया लेकिन उनका रख-रखाव जारी रहा। जब मैंने 30 मई, 2003 को इस ट्रेन में हरनौत से पटना जाने की साठ किलोमीटर लंबी यात्रा करने का निर्णय लिया, तब इसे छब्बीस बरस बाद प्रयोग में लाया गया। कोचों का नया श्रृंगार किया गया और उनमें आधुनिक यंत्र जैसे सेटेलाईट द्वारा संचालित संचार व्यवस्था लगाई गयी। इस यात्रा के दौरान मैंने इस व्यवस्था का भरसक उपयोग तीन बार किया।

मैंने इस ट्रेन से दो और यात्राएं कीं। एक तो 2004 में मैं चंडीगढ़ से दिल्ली आया और फिर 2006 में मैं दिल्ली से देहरादून गया। मेरी यह रेल यात्राएं, एक तो मौसम की अनिश्चितता के कारण ज़रूरी थीं, दूसरे इसलिए कि मैं यात्रा के बीच का उपयोग मीटिंग के लिये कर सकूँ।

हरनौत से पटना की यात्रा बहु-उपयोगी रही। मैंने हरनौत में एक नई रेलवे कार्यशाला की नींव का पत्थर रखा। रेल मंत्री के रूप में नीतीश कुमार बहुत प्रसन्न और प्रफुल्लित थे कि उनके गृहराज्य में इतना बड़ा रेलवे संस्थान स्थापित हो रहा है। मैंने हरनौत की जनता को अपने भाषण में बताया कि मैं विद्या के पुरातन केंद्र नालंदा से सीधा आ रहा हूँ, मैंने उम्मीद ज़ाहिर की कि बिहार अपने महान विश्वविद्यालय को ऐसे नये पाठ्यक्रमों के साथ पुनर्जीवित करेगा जिनसे विश्वशांति के सन्देश का प्रसार होगा।

इस रेल यात्रा का तत्काल लाभ यह भी हुआ कि मैंने बिहार के पंद्रह विश्वविद्यालयों के उप-कुलपतियों को अपनी वापसी यात्रा में साथ आमंत्रित कर लिया, ताकि वह राज्य के विश्वविद्यालयों की समस्याओं पर मुझसे बातचीत कर सकें।

मैंने उनसे ज़ोर देकर कहा कि वह विश्वविद्यालायों में ऐसे पाठ्यक्रम शुरू करें जिनका सीधा लाभ राज्य के विकास कार्यक्रमों को मिले। बिहार के राज्यपाल ने भी विशेष रुचि लेकर उन समस्याओं को हल किया जिनसे

इन विश्वविद्यालयों की कार्यक्षमता प्रभावित हो रही थी। इस प्रयास से बिहार के विश्वविद्यालय देश के दूसरे विश्वविद्यालयों के समस्तरीय हो सके, यह कोशिश की गई। दो वर्षों के बाद मैंने पाया कि वे विश्वविद्यालय अपनी वार्षिक परीक्षाएं उसी कलेंडर वर्ष में संपन्न करा पाने लगे हैं।

इस यात्रा में एक मज़ेदार प्रसंग भी आ जुड़ा। पटना रेलवे स्टेशन पर मैंने देखा कि राष्ट्रीय जनता दल के नेता लालू प्रसाद यादव, और जनता दल (संयुक्त) के नेता नीतीश कुमार, दोनों मुझे लेने वहां पहुंचे हुए हैं, लेकिन उनके रुख एक-दूसरे से विपरीत हैं। मैं जैसे ही स्टेशन पर उतरा, मैंने दोनों राजनीतिक प्रतिद्वंद्वियों को आमने-सामने कर दिया और उन दोनों के एक-दूसरे से हाथ मिलवाये, इस से वहां उपस्थित भारी जनसमुदाय बहुत प्रसन्न हुआ।

5 जनवरी 2004 को मैं बच्चों की साइंस कॉन्फ्रेंस का उद्घाटन करने और वैज्ञानिक समुदाय को संबोधित करने चंडीगढ़ गया। मुझे किसी दूसरे ज़रूरी काम से 6 जनवरी को वापस दिल्ली लौटना था। सुबह की गहरी धुंध की अनिश्चितता को देखते हुए मैंने ट्रेन से ही वापस लौटने का निर्णय लिया ताकि ठीक समय पर दिल्ली पहुँच सकूँ। मुझे, खास तौर से, बच्चों की साइंस कॉन्फ्रेंस का उद्घाटन करने में बहुत आनंद आया, जहाँ देश-भर से हज़ारों बच्चे अपने-अपने प्रोजेक्ट ले कर इकट्ठे हुए थे।

तीसरी बार मेरी रेल यात्रा 2006 में हुई जब मैं भारतीय सेना अकेडेमी की पासिंग आउट परेड की सलामी लेने देहरादून गया। सर्दियों का समय था, और सवेरे उजाले की कमी के कारण हवाई जहाज़ से जा कर ठीक समय पर पहुँच पाना निश्चित नहीं था। रात को भी गहरी धुंध थी। ट्रेन सफदरजंग स्टेशन से देहरादून तक बिना रुके गयी, लेकिन फिर भी रेलवे ने सुरक्षा के दृष्टिकोण से कई जांच केंद्र बना रखे थे।

प्रसन्नचित्त, प्रशिक्षण पूरा करके सेना में जाते अधिकारियों के साथ होना एक खुशनुमा मौका था। खास तौर पर, कई नये बने सेना अधिकारियों ने मुझसे यह जानना चाहा कि उन पर किस तरह के भारत की रक्षा का दायित्व है। उन अधिकारियों के समूह को मैंने वह प्रसंग बताया जिसे सीमा से लगी, उत्तरी कमांड यूनिट को भी मैंने बताया था। वहां मैंने विभिन्न यूनिटों के करीब दो सौ युवा सेना अधिकारियों को संबोधित किया था। अपने वक्तव्य के बाद, बड़े भोज पर जाने से पहले मैंने उनसे एक सवाल किया था। मैंने कहा, 'प्यारे

नौजवान अफसरो, आपके पास फौज में काम करने के लिये करीब तीस साल का वक्त है। इतने समय में, एक अफसर के रूप में आप कौन सा बड़ा लक्ष्य सिद्ध कर लेना चाहेंगे?' इस पर वरिष्ठ अधिकारी तो चुप रहे लेकिन युवाओं ने अपने हाथ उठाये। मैंने एक को चुना। मुझे सैल्यूट करने के बाद उसने कहा, 'सर, मेरा सपना है कि हम अपनी वह सारी ज़मीन, जो दूसरों ने कब्ज़े में ले रखी है उसे वापस ले लें।' उस युवा अधिकारी के उस उत्तर से सभी लोग आनंद से भर उठे और सबने उस युवा अफसर की तारीफ़ की। मैंने यही उत्तर वहां देहरादून में युवा अधिकारियों को सुनाया। उन्होंने कहा, 'सर, हमारा भी यही संकल्प है।'

मेरी रेल यात्रा इन्हीं कारणों से यादों में संजोयी हुई है।

एक मनोरम दृश्य है, जो मैंने सूडान में देखा। वहाँ नील नदी का नीला पानी, सफेद नील नदी की सफेद धारा से मिल कर एक अलग रंग की अलग ही नदी का रूप लेता है। यह वैसे ही है जैसे हमारे यहाँ संगम में होता है। लोगों से मिल कर हम, वही होते हुए भी, बदल जाते हैं।

11

भारत के हृदय का कायाकल्प

ग्राम आंदोलन उन लोगों को गाँव से जोड़ने की कोशिश है जो मन में सेवा भाव का उत्साह रखते हुए गाँव में बसना चाहते हैं और ग्राम वासियों की सेवा में आत्म-अभिव्यक्ति का संतोष पाते हैं...

—महात्मा गांधी

भारत गाँवों में बसता है। हमारी संस्कृति, विरासत, परम्पराओं और जीवन दर्शन का उद्‌भव वहीं से है। मेरा जन्म और पालन-पोषण गाँव में हुआ था इसलिए मैं वहां की जीवन-धारा का स्वर समझ सकता हूँ। हाल के समय में गाँवों से शहरों की ओर विस्थापन असहज रूप से हुआ है। ऐसे सभी विस्थापित ग्रामीण लोग, अपनी झुग्गियों में तनावपूर्ण जीवन जीते हुए अपनी भूख का भरण करने के लिये भरसक कमाने की कोशिश में लगे रहते हैं। प्रेम और आत्मीयता की पूंजी उनसे छिन जाती है। मेरा ऐसा विश्वास है कि गाँव का ऐसा विकास जिसमें गाँव के लोग, गाँव में रहते हुए ही कमाई के अवसर पाएं और अपना जीवन स्तर सुधारें तो उस से भारत की तस्वीर बदल सकती है। इस से शहरों की ओर उनका पलायन रुकेगा और वह विस्थापित मज़दूर की ज़िंदगी जीने जैसी त्रासदी से उबर जाएंगे। इसी चिंतन से पी.यू.आर.ए. की संकल्पना का जन्म हुआ।

राज्य के विकास के लिये गाँवों के विकास की ज़रूरत है। प्रत्यक्ष अनुभव लेने के लिये मैंने वर्ष 2002 में अपनी भोपाल यात्रा के दौरान गाँव में कुछ समय बिताना तय किया। हम तोरनी गये, जहाँ न ठीक-ठाक सड़कें थीं, न बिजली। जैसे ही मैंने उस गाँव जाने का निर्णय लिया, राज्य अधिकारियों ने

तुरत-फुरत कुछ व्यवस्था की। सबसे पहले, कई किलोमीटर लंबी हर मौसम को झेल सकने वाली सड़क बनवाई गयी, और जल्दी ही वहां बिजली पहुँच गयी।

मेरे दौरे के समय गाँव के लोग, अपनी जलसंचयन व्यवस्था और अपने जैविक कीटनाशक के प्रयोग दिखाते हुए बेहद प्रसन्न थे। मैंने ज़िला अधिकारियों को सुझाया कि वह तोरनी गाँव में हुए इन कामों की सूचना पास के अन्य गाँवों में भी पहुंचाएं ताकि वह भी इस अनुभव का फायदा उठा सकें। मैंने राज्य सरकार को यह सुझाव भी दिया कि वह गाँवों के बीच ऐसे समूह तैयार करें जो न केवल सड़क तथा परिवहन की व्यवस्था करें बल्कि उनसे स्वास्थ्य सेवा, शिक्षा संस्थाओं तथा जल्दी खराब होने वाली उपज, जैसे फल, और सब्जी, के संग्रहण की समुचित व्यवस्था भी कराई जाए। गाँव में खाद्य संसाधन उद्योगों की भी व्यवस्था हो, जिससे रोज़गार के अवसर बनें। आजकल तरह-तरह की फसलों और वन आधारित उद्योग बहुतायत से फैल रहे हैं जिनके उत्पादों की बहुत मांग है।

मैंने मध्यप्रदेश के मुख्यमंत्री और राज्य अधिकारियों को यह भी सुझाव दिया कि वह सभी गाँव के जलाशयों की स्थिति का सेटेलाईट के ज़रिये निरीक्षण करें, उनका कचरा-काई साफ़ करवाएं और उनमें पानी के भराव और निकास की व्यवस्था करें।

तोरनी क्षेत्र के युवाओं ने यह मांग रखी कि उनके माध्यमिक स्कूल को उच्चतर माध्यमिक स्कूल बना दिया जाय। राज्य सरकार ने इसे स्वीकार कर लिया।

तोरनी की इस यात्रा से मुझे विकास के विविध पक्षों का अंदाज़ा हो गया और मैंने जाना कि गाँव और शहर के बीच की खाई को कैसे कम किया जा सकता है।

~

मेरा जन्म और पालन-पोषण रामेश्वरम में हुआ है। उस आधार पर मैं जान सकता हूँ कि गाँवों को कैसे विकसित किया जाए कि वह अपने संसाधन से कमाई कर सकें। मेरा कामकाज हमेशा बड़े नगरों में रहा लेकिन मुझे दूर-दराज़ बहुत से गाँवों को देखने का मौका मिला है। जब हम भारत-2020 कार्यक्रम

चला रहे थे तब देश के छह लाख गाँवों के विकास का प्रश्न एक बहुत बड़ा मुद्दा था। जब मेरे दोस्त प्रोफ़ेसर इन्द्रेशन ने पी.यू.आर.ए. का विचार दिया तभी मेरे भीतर एक स्वर झंकृत हुआ। मैंने उसके साथ विस्तार से बात करनी शुरू की, और इस क्षेत्र के बहुत से उन विशेषज्ञों से भी चर्चा की जिनकी रुचि गाँवों के विकास में थी। यह मेरा सौभाग्य था कि मेरा संपर्क मध्यप्रदेश पी.यू.आर.ए. चित्रकूट के नानाजी देशमुख, तमिलनाडु पी.यू.आर.ए. के पेरियार और महाराष्ट्र पी.यू.आर.ए. के लोनी से हो गया, जो एक मेडिकल समूह ने कराया। महाराष्ट्र के तात्या साहिब कोरे, वारना पी.यू.आर.ए. का काम सबसे अग्रणी रहा। ग्रामीण विकास के यह अनुभव पी.यू.आर.ए. की नींव को समूचे राष्ट्र के लिये मज़बूत करते गये। राष्ट्रपति के रूप में मैंने शहरों से ज्यादा गाँव देखे। इन दौरों से मिले अनुभवों ने मुझे पी.आर.यू.ए. संस्थानों को संगठित करने में बहुत मदद मिली।

जब हमारी बातचीत शहरी लोगों से होती, वह हमेशा शहरों में बढ़ते प्रदूषण, भागदौड़ भरी ज़िंदगी, भीड़ और दूसरी कठिनाइयों का रोना ज़रूर रोते, फिर भी वह यह रुचि नहीं दिखाते कि वह गाँव में स्थित अपने ही मूल घर में लौट जाएँ। दूसरी ओर, गाँव के लोग, अपने वातावरण के प्रति लगाव रखने के बावजूद, अपना घर छोड़ते और शहरों में यह सोच कर बस जाते कि वहां उन्हें बेहतर जीवन मिलेगा। क्या हम कोई ऐसा हल खोज सकते हैं कि गाँव के लोग, विशेष तौर पर, युवा लोग, अपने गाँवों में ही अपनी कमाई के अवसर जुटा सकें? साथ ही, क्या हम गाँवों को शहरी लोगों के लिये भी आकर्षक स्थान बना सकते हैं? केवल छुट्टी मनाने या कारोबार के लिये नहीं, बल्कि आ कर बस जाने के लिये। यह सोच भी पी.यू.आर.ए. को गठित करने का आधार बनी।

हमारे देश में सरकार और निजी तथा सरकारी क्षेत्र, ग्राम विकास के कार्यक्रम को टुकड़ों-टुकड़ों में लेते हैं, जैसे शिक्षा संस्थान, स्वास्थ्य केंद्र, सड़क और आवास व्यवस्था, या संचार व्यवस्था, इन सब को किसी भी गाँव में एक-एक कर के उठाया जाता रहा। हमारा अनुभव है कि पिछले कुछ दशकों में हमारा काम जैसे तेज़ मूसलाधार बारिश की तरह शुरू हुआ लेकिन जब बारिश रुक गई तो सारी धाराएं सूख गयीं क्योंकि हमारे पास जलाशयों जैसी कोई व्यवस्था नहीं थी। एकदम पहली बार पी.यू.आर.ए. ने समग्र और स्थायी विकास योजना

पर ज़ोर दिया, जिसमें मूल रूप से रोज़गार व्यवस्था के साथ, पुनर्वास, स्वास्थ्य सुविधा, शिक्षा, दक्षता के विकास, भौतिक और इलेक्ट्रौनिक जुड़ाव तथा वितरण व्यवस्था सब शामिल थीं। समय की मांग है कि विकास को स्थायी बनाये रखने के तरीके अपनाए जाएँ जो समग्रता से काम करें।

~

यह बात सब लोग स्वीकार करते हैं कि गाँवों के विकास का काम भारत को विकसित देश बनाने के लिये बहुत ज़रूरी है, लेकिन गाँवों के विकास का मतलब क्या है?

इस का मतलब है :

1. गाँवों को अच्छी सड़कों, और जहाँ ज़रूरत हो, वहां रेलमार्ग से जोड़ा जाए। वहां दूसरी बुनियादी सुविधाएं जैसे, स्कूल, कॉलेज, अस्पताल तथा अन्य सुविधाएं हों, जो स्थानीय आबादी के अतिरिक्त प्रवासियों के भी काम आ सकें। मैं इन्हें जुड़ाव के भौतिक साधन कहता हूँ।
2. नई आने वाली शिक्षा के दौर में, देशी जानकारी को भी संजो कर रखने की और उसे टेक्नोलॉजी, प्रशिक्षण और शोध की आधुनिक जानकारी के साथ संयुक्त करने की ज़रूरत है। गाँवों को, चाहे वह जहाँ भी हों, योग्य अध्यापकों द्वारा अच्छी शिक्षा दिए जाने की ज़रूरत है। उनको भी अच्छे इलाज की सुविधा मिलनी चाहिए, उन तक कृषि, मछली पालन, उद्यान विकास तथा खाद्य उद्योग की नई से नई जानकारी पहुंचानी चाहिए। मैं इसे इलेक्ट्रौनिक जुड़ाव कहता हूँ।
3. जब भौतिक और इलेक्ट्रॉनिक जुड़ाव बन जाए तब ज्ञान का संपर्क भी बन जाता है। उसमें उत्पादकता, बाज़ार की तलाश, गुणात्मक चेतना, साझीदारों से संवाद, बेहतर यंत्रों के चुनाव में मदद, पारदर्शिता, जीवन शैली में सुधार, समय का सदुपयोग, यह सब गिना जाता है और इसी को मैं ज्ञान का जुड़ाव कहता हूँ।
4. जब यह तीनों तरह के जुड़ाव हासिल हो जाएँ, तब कमाने की क्षमता अपने-आप बढ़ती है। पी.यू.आर.ए. को एक अभियान की तरह अपनाने से गाँव ज्ञान के एक समृद्ध केन्द्र बन सकते हैं, और

गाँवों के लोगों को व्यवसायी उद्यमियों की तरह देखा जा सकता है।

पेरियार पी.यू.आर.ए. संस्थान की नींव 'मनिअम्मा कॉलेज ऑफ टेक्नोलॉजी फॉर वुमेन' ने रखी है, जो वल्लम में स्थित है। मैंने इस संस्थान परिसर का उद्‌घाटन 20 दिसंबर 2003 को किया था और उसके बाद मैं वहां 24 सितम्बर 2006 को गया। पी.यू.आर.ए. की इस इकाई में पैंसठ गाँवों का एक समूह है, जिनकी कुल आबादी वर्ष 2003 में एक लाख थी। वहां सभी तीनों जुड़ाव भौतिक, इलेक्ट्रॉनिक और ज्ञान पहुँच चुके हैं, जो आर्थिक जुड़ाव अर्जित करने का रास्ता खोलते हैं। वहां पहुँचने पर, मैं स्थानीय लोगों का उत्साह तथा उन युवाओं को देख कर दंग रह गया जो इस समूह के समग्र विकास की अवधारणा को संभव कर रहे थे। युवा वर्ग संस्थान के विकास के संबंध में अपनी योजनाएं और अपनी दक्षता का प्रदर्शन करते हैं। उनके प्रयास से बड़े पैमाने पर रोज़गार के अवसर तैयार हुए हैं, साथ ही, 1800 स्व-सेवी दलों के सहयोग से कई उद्योगपतियों का भी उदय हुआ है। दो सौ एकड़ बंजर भूमि को नई जल प्रबंधन योजना के ज़रिये कृषि योग्य बनाया गया है। पेरियार मनिअम्मा कॉलेज ने, जो अब पेरियार यूनिवर्सिटी का हिस्सा है, अपने विद्यार्थियों और अध्यापकों को टेक्नोलॉजी और स्थानीय लोगों जैसी दक्षता से संपन्न कर के पी.यू.आर.ए. के विकास कार्यक्रमों में लगा दिया है। उसने, 'एक गाँव, एक उत्पाद' योजना की नीति पर चल कर इन गाँवों के बनाये पैंतालिस उत्पादों को बाज़ार में रखा है, जिनकी अंतरराष्ट्रीय मांग भी है। शिक्षा समुदाय के अंतरंग समन्वय से पैंसठ गाँवों का गतिज विकास हुआ है, और उनके निवासियों की जीवन शैली बदली है।

~

दीनदयाल रिसर्च इंस्टीट्यूट (डी.आर.आई.) के नानाजी देशमुख और उनके सहयोगी सदस्यों ने चित्रकूट में पी.यू.आर.ए. का गठन किया। डी.आर.आई. एक विशिष्ट संस्थान है, जो ग्राम विकास का काम ऐसे ढंग से निभा रही है जो भारत के लिये सर्वथा अनुकूल है।

इस संस्था को यह एहसास है कि जनशक्ति, राजनीतिक शक्ति की अपेक्षा अधिक स्थिर और टिकाऊ होती है। जो असहाय और दमित का पक्ष

बन कर उसका साथ देता है, प्रशासन और प्रबंधन की बागडोर उसी के हाथ आती है। सामाजिक विकास और समृद्धि केवल तभी संभव है जब युवा पीढ़ी में आत्मनिर्भरता और श्रेष्ठता का मन्त्र फूंका जाए। डी.आर.आई. के पास चित्रकूट में करीब सौ ऐसे ग्राम समूह विकसित करने की योजना है जिनमें प्रति समूह पांच गाँव होंगे। उन्होंने सोलह समूहों में अस्सी गाँव विकसित भी कर लिए हैं, जिनमें करीब पचास हज़ार लोग रहते हैं।

वहां एक गाँव है, पतनी, जहाँ डी.आर.आई. ने देशज तथा पारंपरिक टेक्नोलॉजी, जानकारी तथा स्थानीय दक्षता के बलबूते स्थायी विकास की स्थिति हासिल कर ली है। इस संस्थान के शोध कार्य तथा अध्ययन के माध्यम से हासिल किया गया विकास कहीं अन्य भी अपनाए जाने के लिये, और प्रत्यक्ष लाभ देने देने के लिये उपलब्ध है। इस कार्यक्रम के लागू किये जाने से अर्जित धन राशि, आधुनिकतर कृषि पद्धति, स्वास्थ्य तथा स्वच्छता, गाँव के लोगों में वैज्ञानिक सोच का विकास करने तथा शत-प्रतिशत साक्षरता प्राप्त करने के लक्ष्य में खर्च की जाती है। विकास कार्यों के अतिरिक्त, वह संस्थान एकजुट, तथा टकरावमुक्त समाज बनाए की दिशा में भी काम कर रहा है। इसके परिणामस्वरूप, चित्रकूट के आस-पास अस्सी गाँव पूरी तरह किसी अदालती कार्यवाही से मुक्त हैं। गाँव वालों ने खुद-ब-खुद यह निर्णय लिया है कि उनका कोई भी विवाद अदालत तक नहीं जाएगा। सारे मतभेद गाँव में ही आपस में सुलझा लिये जाएंगे। इसका कारण नानाजी देशमुख ने यह बताया है कि अगर लोग आपसी झगड़ों में ही फंसे रहेंगे तो उनके पास विकास कार्यों के लिये समय कहाँ बचेगा। वह न खुद का विकास कर पाएंगे न समुदाय का। वहां लोगों को यह बात समझ में आ गयी है।

मैं देखता हूँ कि चित्रकूट का प्रोजेक्ट, ग्राम विकास की दृष्टि से एक समग्र मॉडल है। इसका सरोकार ऐसा समाज बनाना है जिसमें पारिवारिक आत्मीयता के प्रगाढ़ बंधन हों, भारतीय संस्कृति के प्रति गौरव भाव हो, भारतीय विवेक के साथ जिसमें आधुनिक शिक्षा का समावेश हो, समाज को तनावमुक्त रखने की प्रवृत्ति हो, जिसमें सबके, खास तौर से स्त्रियों के आर्थिक सशक्तीकरण का प्रचलन हो, सबके लिये स्वास्थ्य-सुविधा हो, स्वच्छता का अभ्यास हो, पर्यावरण संरक्षण की चेतना हो और समाज के सभी वर्गों के बीच धन-संपत्ति का समता पूर्वक बंटवारा हो। वह अवधारणा पूरी तरह से मेरे सोच से मेल

खाती है कि भारत के विकास का मतलब केवल आर्थिक विकास नहीं है बल्कि समग्र विकास है जिसमें कला, साहित्य, मानवतावाद, विचार की श्रेष्ठता और सबसे ऊपर हमारी पांच हज़ार वर्ष पुरानी समृद्ध सांस्कृतिक विरासत के संरक्षण का भाव हो।

पी.यू.आर.ए. को समझते हुए उसके स्वागत की शुरुआत हो गयी है, कि इसे विभिन्न क्षेत्रों में निजी और सरकारी साझेदारी मानते हुए एक अभियान की तरह अपनाया जाए। मैं आश्वस्त हूँ कि इस बात के संकेत बहुत प्रबल हैं कि निकट भविष्य में करीब सात हज़ार पी.यू.आर.ए. संगठन भारत के गाँवों में स्थापित हो जाएंगे।

गांधी जी ने कहा था कि असली भारत गाँवों में बसता है। मानवीयता की इसी विराट जनसम्पदा के बल पर भारत विश्व को अपना सम्पूर्ण योगदान दे सकता है।

12

उद्यान में

दुःख या खुशी को बाँधने वाली
कोई दीवार नहीं बनाता मैं,
ना ही किसी लाभ या हानि के लिए
ना ही कुछ त्यागने या पाने के लिए
मैं तो खुले आकाश तले
चतुर्दिक फूल उगाता हूँ
और तैराता हूँ कुमुदिनी नदियों, सरोवरों में

वर्ष 1997 में, जब मुझे भारतरत्न की उपाधि से सम्मानित किया गया, तब तत्कालीन राष्ट्रपति के.आर. नारायणन की बेटी चित्रा नारायणन मुझे, मेरे भाई और उसके पोते-पोतियों को मुग़ल गार्डन घुमाने ले गयीं। यह एक बेहद खुशी का मौका था और मैंने उस उद्यान के अप्रतिम सौंदर्य को भरपूर चाँदनी रात में देखने की इच्छा ज़ाहिर की। इसकी जानकारी राष्ट्रपति और उनकी पत्नी ऊषा नारायणन को मिली और उसके बाद, जब भी मुझे किसी विभागीय काम से आना पड़ा, राष्ट्रपति और उनकी पत्नी ने मुझे राष्ट्रपति भवन में ठहरने के लिये आमंत्रित किया। तब मुझे नहीं पता था कि राष्ट्रपति भवन में पूर्णमासी की साठ रातें देखने का अवसर मिलेगा।

जिन दिनों मैं वहां था, मुग़ल गार्डन मेरे लिये एक बड़ा प्रयोग स्थल बन गया था। वह एक बड़ा संवाद मंच था जिस से मैंने प्रकृति के और अपने देशवासियों के साथ मन की बात की, जहाँ मैंने विविध क्षेत्रों से आये लोगों से विचार-विमर्श किया, जिनमें औषधिदायक पौधों के विशेषज्ञ भी शामिल

हैं। मुग़ल गार्डन का एक खंड विशेष रूप से औषधिदायक पौधों के लिये निर्धारित था। बाग में आनेवाले अनेक पशु-पक्षी मेरे अंतरंग हो गये थे। बगीचे का सुव्यवस्थित परिवेश और वहां उगे पेड़-पौधे मुझे शान्ति प्रदान करते थे।

कई बार मैं वहां बगीचे में, विदेशों से आये राष्ट्राध्यक्षों और देशप्रमुखों के साथ सैर पर निकला हूँ। वर्ष 2007 में सार्क देशों के राष्ट्राध्यक्षों के साथ मुग़ल गार्डन में घूमना एक यादगार अनुभव था। मुझे याद है कि एक बार पाकिस्तान के तत्कालीन प्रधानमंत्री शौकत अज़ीज़ ने कहा था कि अगर मैं मुग़ल गार्डन में एक द्विपक्षीय मीटिंग करवा लूँ, तो हमारे देशों के बीच के भेद-भाव छू मंतर हो जाएँगे। श्रीलंका के प्रधानमंत्री ने कहा था कि बजाय इस के कि यहाँ एक घंटे के चायपान का आयोजन हो, इस खूबसूरत बाग के लॉन में तो मुझे अपने इलाकों के विकास पर कार्यक्रम आयोजित करने चाहिए।

मैंने इस बगीचे में दो झोपड़ियां बनवाई थीं। दोनों प्राकृतिक पदार्थों से बनी हैं और उनका डिज़ाइन पर्यावरण को ध्यान में रख कर ही बनाया गया था। एक को त्रिपुरा के कारीगर ने बनाया है, और उसे 'थिंकिंग हट', यानि विचार-स्थली कहा जाता है। मैं अपने बहुत से मित्रों को वहां विचार-विमर्श के लिये ले गया हूँ। मेरी पुस्तक *इनडोमिटेबल स्पिरिट* का बहुत बड़ा हिस्सा वहीं बैठ कर लिखा गया है। दूसरी का नाम है, इम्मोरटल हट, यानि अमर-स्थली। यह सोलह पेड़ों के झुण्ड से घिरी है, पास में चौंतीस विभिन्न प्रकार के औषधिदायक पौधों का खंड है, संगीतमय उद्यान है, और बायोडायवरसिटी पार्क है। मेरी एक पुस्तक *गाइडिंग सोल,* जो जीवन के लक्ष्य की खोज पर आधारित है, उसका उद्भव मेरे और मेरे मित्र प्रोफ़ेसर अरुण तिवारी की बातचीत से हुआ, जो हमने इसी 'इम्मोरटल हट' में बैठ कर की। जब भी राष्ट्रहित में कोई विचार-विमर्श करना हुआ मैं इन्हीं किसी स्थली में जा कर बैठा और सोचने लगा। साथ ही मेरी बहुत सी कविताओं का उदय यहीं हुआ।

~

राष्ट्रपति भवन का परिसर 340 एकड़ क्षेत्र में फैला है जिसमें 15 एकड़ भूमि पर मुग़ल गार्डन बना है। यह बाग तीन तलों में बनाया गया है, जो आयताकार,

लंबी और गोल आकृतियों में बने हैं। आयताकार तल, मुख्य उद्यान है, जिसमें कई खूबसूरत सज्जा बताई जा सकती है। इसमें चार नहरें हैं, छह फव्वारे हैं, सत्तर वर्ग मीटर क्षेत्र का सेन्ट्रल लॉन है। जहाँ ऐतिहासिक महत्त्व की राष्ट्रीय बैठकें होती थीं, खुशनुमा राष्ट्रीय अवसरों, जैसे स्वतन्त्रता दिवस और गणतंत्र दिवस के भोज यहीं आयोजित होते हैं; अपनी छतरियों से सज्जित एक सौ चवालीस मौलसरी के पेड़, विविध प्रकार के गुलाब तथा अलग-अलग आकारों के लॉन इसी तल का हिस्सा हैं। यह बाग लंबे बगीचे से एक गलियारे के रास्ते जुड़ता है, जो दूसरे तल पर है। इसमें एक पचास मीटर लंबा बीच का रास्ता है जिसके बीच में फूलों की लताओं से लदा एक गोल मंडप है। उस रास्ते के एक तरफ गुलाब की क्यारियां हैं और दूसरी तरफ चीनी संतरों के पेड़ हैं। यह लंबा बगीचा पश्चिम दिशा की ओर, मुग़ल गार्डन के तीसरे हिस्से से जुड़ता है। इसमें परतों में बनाई गयी फूलों की क्यारियां हैं और उनके बीच में एक फव्वारा है। अपनी गोल आकृति के कारण इसे सर्कुलर गार्डन कहा जाता है। जब फूल अपनी पूरी बहार के साथ खिले होते हैं तब यहाँ का नज़ारा बेहद दिलकश होता है। जब अमेरिका के प्रेसिडेंट जॉर्ज डब्ल्यू. बुश अपनी पत्नी और शिष्ट मंडल के साथ भारत आये थे तब उनका प्रीतिभोज इसी बगीचे में आयोजित किया गया था। इस प्रीतिभोज उत्सव में बहुत से कलाकारों, बुद्धिजीवी और अति विशिष्ट व्यक्ति आमंत्रित थे। यह उत्सव राष्ट्रपति भवन के बहुत ही खास आयोजनों में गिना जाता है और राष्ट्रपति दम्पती ने इसे बहुत पसंद किया था।

मुग़ल गार्डन के तीन गार्डन और परिसर में बने सभी बगीचे फरवरी के मध्य से मार्च के मध्य तक अपनी छटा के उत्कर्ष पर होते हैं। इस दौर में यह शिशिर ऋतु के अनेक प्रकार के गुलाबों, लताओं, सुन्दर झाड़ियों और कई तरह के फूलों की शोभा दर्शाते हैं।

डॉ. ब्रह्मदत्त, उद्यानशिल्पी, जो यहाँ विशिष्ट अधिकारी के रूप में नियुक्त थे, उन्होंने बहुत तरह के फूलों की बहार यहाँ दिखा कर मोहित किया। उनमें बेगोनिया, कैलेंडुला, कैम्पेनुला, कारनेशन, कोस्मौस, डेढ़ी, डहेलिया जैसे अनगिनत फूलों की किस्में शामिल हैं।

इस बगीचे की शोभा हज़ारों लोगों को अपनी ओर आकर्षित करती है। इस दौरान, गार्डन जनता के लिये बिना कोई पैसा लिये खुला रहता है।

कुछ खास दिन यह विशेष रूप से, किसानों, रक्षा विभाग के कर्मियों, वरिष्ठ नागरिकों, विकलांगों और दृष्टिहीनों के लिये खुलता है।

डॉ. ब्रह्मदत्त सिंह ने राष्ट्रपति भवन के वृक्षों पर एक सचित्र पुस्तक भी प्रकाशित की है।

~

वर्ष 2002 के दौरान मैंने इस बात पर बहुत विचार किया कि राष्ट्रपति भवन परिसर को नया प्राकृतिक परिदृश्य और विस्तृत हरित क्षेत्र देते हुए, और अधिक कैसे निखारा जा सकता है। इस कोशिश में मेरी डी.आर.डी.ओ. के उच्च पर्वतीय इलाकों की पथरीली ज़मीन पर होने वाली खेती की जानकारी काम आई। मैंने डी.आर.डी.ओ. और अन्य संस्थाओं जैसे 'इण्डियन कौंसिल ऑफ एग्रीकल्चरल रिसर्च (आई.सी.ए.आर.) तथा कौंसिल ऑफ साइंटिफिक एंड इंडस्ट्रियल रिसर्च (सी.एस.आई.आर.) के कृषि वैज्ञानिकों से परामर्श किया। डॉ. ब्रह्मदत्त सिंह ने भी मुझे सहयोग दिया और इस तरह मुग़ल गार्डन में बारह और बगीचे तैयार हुए। सबके प्रयासों का आभार।

~

भारत में, और विश्व में भी स्पर्शनीय पौधों के बहुत कम बगीचे हैं। लखनऊ में सी.एस.आई.आर. 'नेशनल बोटैनिकल रिसर्च इंस्टीटयूट' (एन.बी.आर.आई.) में स्पर्शनीय उद्यान हैं। उनकी विशेषज्ञता से राष्ट्रपति भवन में भी वर्ष 2004 में स्पर्शनीय बगीचा लगाया गया। एक दीर्घ वृत्ताकार बगीचा, फव्वारा, पथरीला रास्ता, सुवासित पौधों की चौंतीस क्यारियां, औषधि, मसाले, फल तथा खूबसूरत फूल लगाये गये। प्रत्येक क्यारी पर एक सूचना पट्टिका के ज़रिये संबंधित पौधे के बारे में हिन्दी, अंग्रेज़ी भाषाओं और ब्रेल लिपि में लिखा है।

दृष्टिहीन लोग जब इस गार्डन में पहुंचे तो बहुत प्रसन्न हुए। उनका आनंद उनके चेहरों पर नज़र आ रहा था। प्रतिवर्ष जब भी स्पर्शनीय बगीचा दृष्टिहीनों के लिये खोला गया, मैं हमेशा उनके साथ वहां रहा।

~

संगीतमय बगीचे का विचार तब आया जब एक रविवार को मैं डॉ. ब्रह्मदत्त

सिंह और अपने एक मित्र डॉ. वाई. एस. राजन के साथ 'इम्मोरटल हट' में कुछ बातचीत कर रहे थे। तभी हमने बरगद के पेड़ों, बायो-डायवरसिटी पार्क में तथा औषधि बगीचे की पृष्ठभूमि में संगीतलहरी की कल्पना की। वर्ष 2006 में संगीतमय फव्वारा लगाया गया। इस काम में बहुत-सी टेक्नोलॉजी और युक्तियों का प्रयोग हुआ, जैसे, डिजिटल इलेक्ट्रॉनिक्स, इलेक्ट्रो-मैग्नेटिज्म, हाइड्रो-डायनामिक्स, हाइड्रो-स्टेटिक्स तथा मानवीय रचनात्मकता। संगीतमय फव्वारा एक लुभावनी दर्शनीय प्रस्तुति देता है। इसमें लहराती हुई रोशनी पानी के फव्वारे के ऊपर पड़ती है और संगीत की लय के साथ नृत्य करती हुई प्रतीत होती है। फव्वारे पर प्रकाश का संचालन पहले से रिकॉर्ड किये गये या बाहर से बजते, किसी भी प्रकार के संगीत से हो सकता है। पूर्ण चंद्र की रात को, यह जुड़वां फव्वारे पवित्रता के भव्य ऐश्वर्य का परिवेश रचते हैं। इनकी पृष्ठभूमि में राष्ट्रपति भवन का गुंबद नज़र आता है, जो देश के गौरव और आत्मसम्मान का प्रतीक है।

पूर्णिमा की एक रात को जब पंडित शिवकुमार शर्मा ने 500 लोगों के सम्मुख संतूर-वादन किया तो यह संगीतमय बगीचे का सबसे स्वर्णिम क्षण था।

~

बायो-डायवर्सिटी पार्क को विकसित होने में बरसों लग गये। बहुत-से पक्षी लाये गये, पशुओं की प्रजातियां आईं। झरने बने, शिला खंड लगे, मछलियों के पोखर, खरगोश के खोह, बत्तखों के घर, बीमार पशुओं का कोना, पक्षियों का ठिकाना और भी बहुत कुछ। यह पार्क न केवल प्रकृति प्रेम का सुख पाने का ज़रिया है बल्कि यहाँ आ कर मन को शान्ति और स्थिरता भी मिलती है। एक बार जब मैं अपने मित्र डॉ. सुधीर के साथ सुबह की सैर के लिये निकला था, मुझे एक नन्हीं हिरनी मिली जिसे उसकी मां से त्याग दिया था। हमने देखा उसकी दो टांगें जन्म के समय ही चोटिल हो गयी हैं इसलिए वह खड़ी नहीं हो पा रही है। सुधीर ने उसका इलाज शुरू किया। हमने बहुत कोशिश की कि उसकी मां उसे स्वीकार कर ले लेकिन यह संभव नहीं हो पाया। उसके बाद मैं हर रोज़ उस नन्हीं हिरनी को बोतल से दूध पिलाता था। एक हफ्ते बाद वह हिरनी उठ खड़ी हुई और चलने-फिरने लगी। वह

जब भी मुझे देखती, दूध के लिये मेरे पास भागी चली आती। कुछ हफ्तों बाद हिरणों के झुण्ड ने उस नन्हीं हिरनी को स्वीकार कर लिया। मैं इस से बहुत अभिभूत हुआ।

मैं राष्ट्रपति भवन के दिनों के प्रति अपने और मुग़ल गार्डन तथा परिसर के दूसरे बगीचों ने जो आनंद की अनुभूति मुझे दी, उसके प्रति बहुत भावुक हूँ। यह एक ऐसा आनंद है जिसे मैं दूसरों के साथ बांटना चाहता हूँ, जैसे उन बगीचों में विभिन्न बड़े कलाकारों के संगीत के कार्यक्रम होते थे। मैं इस बात के लिये सर्वशक्तिमान की मेहरबानी का शुक्रिया अदा करता हूँ, जो उसने मुझे कुदरत का यह सुख लेने का मौका दिया।

13

विवादास्पद निर्णय

चेतना आत्मा का प्रकाश है

मेरे सोचने के ढंग और काम के तरीके में, मेरे राष्ट्रपति बनने के पहले और बाद, कोई फर्क खोज पाना मुश्किल है। आखिर, व्यक्ति तो वही है और व्यक्ति के अनुभव एक निरंतरता तो बनाए रखते हैं। तीन स्थितियां ऐसी हैं जिन्होंने मेरी निजी भावनाओं को प्रभावित किया हैं, हालांकि जो कदम मैंने उठाए हैं वह तर्क और कारणों पर आधारित रहे हैं। इनमें पहली घटना वह है जिसमें मैंने बिहार विधान-सभा को भंग किया था। मैं इस मुद्दे पर पहले भी कई बार बात कर चुका हूँ लेकिन मैं इसे फिर चर्चा में लाऊंगा।

मेरे राष्ट्रपति काल में सूचना और संचार क्षेत्र में बड़ी तरक्की हुई। राष्ट्रपति भवन इलेक्ट्रॉनिक संचार-तंत्र के माध्यम से पूरी तरह से 'कनैक्ट' हो गया। मै दुनिया के किसी भी कोने में बैठे आसानी से राष्ट्रपति भवन में अपने ऑफिस से ज़रूरी जानकारी और सूचना पा सकता था और अपनी सभी फाइलों को पढ़ सकता था और ई-मेल के जरिए संप्रेषण तत्काल होने लगा। इस तरह, जब प्रधानमंत्री मनमोहन सिंह ने मुझे बताया कि मंत्रिमंडल ने निर्णय लिया है कि वह बिहार की विधानसभा को भंग करने की सिफारिश करे। ऐसा निर्णय राज्यपाल द्वारा, विधायकों की आवाजाही के दृष्टांत पर लिया गया है। इस बात से मुझे हैरत हुई क्योंकि विधानसभा पिछले छह महीनों से ज़्यादा समय से निलंबित थी। इसलिए मैंने प्रधानमंत्री से पूछा, यह स्थिति अचानक कैसे आ सकती है? प्रधानमंत्री ने कहा कि वह बाद में बात करेंगे। उसके बाद, मॉस्को समय के अनुसार रात एक बजे फिर फोन आया।

मैंने उनसे बात की और अपना सवाल फिर उठाया। मुझे स्पष्ट हो गया कि अगर में कैबिनेट का यह प्रस्ताव वापस भी कर दूँ, तो भी वह किसी न किसी तरह लागू करवा लिया जाएगा। इस तरह मैंने इसे सहमति देने का निर्णय ले लिया।

जैसा कि अदालत की खास भाषा में कहा जाए तो, 'बिहार के राज्यपाल ने भारत के राष्ट्रपति के सामने दो रिपोर्टें रखीं, एक 27 अप्रैल 2005 को और दूसरी 21 मई 2005 को। इन रिपोर्ट्स के आधार पर 23 मई 2005 को एक ज्ञापन (नोटिफिकेशन) जारी किया गया, जो, संविधान की खंड (2) उप खंड (बी) की धारा 174, द्वारा पाए गये अधिकार के अनुकूल था। ज्ञापन जी.एस.आर. 162(ई.), दिनांक 7 मार्च 2005 के खंड (ए) के साथ, संविधान की धारा 356 के अनुसार बिहार की विधानसभा तत्काल प्रभाव से भंग कर दी गयी।'

अब इस पर सुप्रीम कोर्ट में बहस शुरू हुई और उस के ज़रिये कई विचार उभर कर सामने आये।

सुप्रीम कोर्ट ने अपने फैसले में बताया कि 23 मई 2005 का ज्ञापन अपने में एक अनोखा मामला है। 'इसके पहले जो भी मामले अदालत में आये उनमें विधानसभा इस आधार पर भंग करने के आदेश हुए कि सत्ता दल ने सदन का विश्वास खो दिया है। इस बार का यह मामला खास इस माने में है कि इसमें विधानसभा को, उसकी पहली मीटिंग भी होने से पहले, भंग करने का आदेश इस आधार पर दे दिया गया कि, बहुमत जुटाने के लिये गैर कानूनी ढंग के प्रयास किये जा रहे हैं और सरकार बनाने के दावे करने की कोशिश हो रही है। अगर यह कोशिश जारी रही तो यह संविधान से छेड़छाड़ का मामला बनेगा।'

इस पर कोर्ट ने चार सवाल उठाये

1. क्या विधानसभा को, उसकी पहली मीटिंग होने से पहले भंग कर देना, धारा 174(2)(बी) के अनुसार मान्य है?
2. क्या 23 मई 2005 की, बिहार विधानसभा को भंग कर देने की घोषणा, गैरकानूनी और असंवैधानिक है?
3. यदि ऊपर पूछे गये प्रश्नों का उत्तर 'हां' है, तो क्या यह आवश्यक है कि 7 मार्च 2005 या 4 मार्च 2005 की यथापूर्व स्थिति बहाल किये जाने के आदेश दिए जाएं?

4. राज्यपाल की स्थिति को सुरक्षित रखने के लिए धारा 361 में कितनी गुंजाइश है?

जब सुप्रीम कोर्ट ने इस मुद्दे पर बहस शुरू की तो बहुत से नज़रिये सामने आये। मैंने प्रधानमंत्री को बताया कि मैंने जिस प्रक्रिया के अधीन अपना निर्णय लिया वह अदालत के सामने ठीक से नहीं रखी गयी है। मैंने उन्हें यह बात पहले फोन पर और फिर व्यक्तिगत रूप से मिल कर बताई। उन्होने कहा कि वह वकीलों को बताएंगे कि राष्ट्रपति का निर्णय तथ्यों पर आधारित था। वह मास्को का सन्दर्भ और उस बातचीत का भी ब्यौरा देंगे जिसके आधार पर अंततः विधानसभा भंग करने का निर्णय लिया गया। लेकिन आखिर में मुझे यह बात स्पष्ट हो गयी कि वकीलों ने मेरे निर्णय का पूरा पक्ष अदालत के सामने उस तरह से नहीं रखा जैसे मैंने सोचा था। सुप्रीम कोर्ट का निर्णय एकमत नहीं था उसमें कई अलग राय भी थीं। दरअसल, न्यायाधीश सर्वोच्च थे और वह इसके लिये राज्यपाल को और कुछ हद तक सरकार को दोषी मान रहे थे। सब कुछ के बावजूद कैबिनेट मेरी है और मेरी भी ज़िम्मेदारी इस में बनती है।

जैसे ही फैसला आया, मैंने अपना त्यागपत्र लिखा, उस पर दस्तखत किये, और तैयार रख लिया कि उसे उप राष्ट्रपति भैरों सिंह शेखावत को भेज दूँगा, जो एक मंजे हुए राजनीतिज्ञ हैं। मैं उप राष्ट्रपति से बात करना चाह रहा था ताकि उन्हें वह पत्र सौंप सकूँ, लेकिन वह बाहर गये हुए थे। इसी बीच प्रधानमंत्री ने मुझसे किसी और सन्दर्भ में बात करनी चाही। दोपहर में हमारी मुलाक़ात मेरे ही कार्यालय में हुई। अपनी बात करने के बाद मैंने उनसे कहा कि मैंने राष्ट्रपति के पद से इस्तीफा देने का निर्णय ले लिया है, और मैं केवल उप राष्ट्रपति के वापस लौटने की इंतज़ार कर रहा हूँ। मैंने उन्हें अपना त्यागपत्र दिखाया। प्रधानमंत्री स्तब्ध रह गये।

यह दृश्य मर्मस्पर्शी था, और मैं उसे बयान नहीं करना चाहता। प्रधानमंत्री ने इस बात की पैरवी की कि मुझे ऐसे कठिन समय में इस तरह का कदम नहीं उठाना चाहिए। उन्होंने कहा कि इस निर्णय से तूफान खड़ा हो जाएगा और इसके कारण सरकार के गिरने की संभावना बन सकती है। अब मेरे पास केवल एक रास्ता था कि मैं अपने अंतःकरण की सुनूँ। सद्-विवेक आत्मा का वह प्रकाश है, जो हमारे हृदय के प्रकोष्ठ में प्रज्वलित होता है। उस रात

मैं सोया नहीं। मैं अपने आप से पूछता रहा, कि मेरी चेतना बड़ी है या राष्ट्र। अगले दिन सुबह मैंने हमेशा की तरह अपनी नमाज़ पढ़ी और यह तय किया कि मैं अपना इस्तीफा देने का निर्णय वापस ले लूंगा और इस तरह सरकार को अव्यवस्थित नहीं होने दूंगा। उस समय चाहे जो भी दल सत्ता में होता, मेरा फैसला यही होता।

दूरी और समय के बंधन से मुक्त एक सीमारहित दुनिया में काम करने का एक सशक्त हथियार है, ई-गवर्नेंस या ई-शासन प्रणाली। लेकिन बहुत कम लोग इसका प्रयोग करते हैं। मैं चाहे देश में हूँ या विदेश में, मैं इसका भरसक प्रयोग करता हूँ। जो आज भी केवल कागज़ी फाइलों के आदि हैं, उनके लिए शायद ई-गवर्नेंस की शक्ति और महत्त्व समझना मुश्किल है। बिहार विधानसभा (जो कि एक तरह से निलंबित थी) उसे भंग करने के सन्दर्भ में, मैं उस समय चाहे जहाँ भी था मैंने वही किया जो मेरी अंतरात्मा ने मुझसे कहा।

~

मनु प्रत्येक व्यक्ति को उपहार लेने के विरुद्ध चेतावनी देते हैं। इससे उपहार लेने वाला एहसान तले दब जाता है और गलत करने को मजबूर हो जाता है।

व्यापक रूप से, पार्लियामेंट एक्ट 1959 (प्रिवेंशन ऑफ डिस्क्वालिफिकेशन) स्थापित करता है कि सरकार के अधीन, किसी लाभ के पद पर आसीन व्यक्ति संसद सदस्य नहीं हो सकता।

वर्ष 2006 के दौरान, मुझ तक सांसदों द्वारा भेजी गईं कई शिकायतें आईं, जिनमे कुछ संसद सदस्यों के लाभ के पद पर कार्यरत होने की सूचना थी। मैंने उन्हें मुख्य चुनाव कमिश्नर के पास भेज दिया कि वे यथा आवश्यकता इसकी जाँच कराएं। जब फिर ऐसे दो सदस्यों, श्रीमती जया बच्चन और श्रीमती सोनिया गांधी, के विषय में भी शिकायतें आईं तो बहुत से सदस्यों ने कहा कि राष्ट्रपति ने ऐसी जांच क्यों शुरू कराई? इसी बीच मुझे संसद ने 'लाभ के पद' (ऑफिस ऑफ प्रोफिट) बिल मेरी स्वीकृति के लिये भेजा।

मैंने उस बिल का ध्यान से अध्ययन किया और पाया कि उसमें बहुत सी कमियां थीं। उस प्रस्तावित बिल में व्यवस्थित रूप से यह नहीं स्पष्ट किया गया था कि कौन से पद लाभ के पद माने जा सकते हैं। उसमें केवल उन

पदों के लिये छूट का प्रस्ताव था जिन पर वर्तमान सांसद कार्यरत थे। मैंने इस पर सर्वोच्च न्यायालय के तीन निवर्तमान मुख्य न्यायाधीशों से विचार किया। फिर मैंने अपनी टीम से हुई परामर्श वार्ता के अनुसार एक पत्र बनाया और सुझाव दिया कि 'तार्किक और न्यायोचित' तरीके से लागू होने के लिये बिल को 'स्पष्ट और पारदर्शी' होना चाहिए। अतः बिल को साफतौर से यह बताना चाहिए कि किसी भी पद को छूट पाने के लिये मान्य कहने का मापदंड क्या है। इसे सभी राज्यों और केन्द्र शासित प्रदेश में लागू किया जाए। मैंने एक मुद्दा और उठाया, जो कि उन पदों से संबंधित था, जिनके लिये नये नियम के अनुसार छूट मांगी गयी थी। उन न्यायाधीशों ने कहा कि मेरा सरोकार उचित है और निश्चित रूप से ऐसे निर्देशों की ज़रूरत है जिनके आधार पर किसी भी पद की, लाभ के पद के सन्दर्भ में, व्याख्या की जा सके।

उसके बाद प्रश्न यह उठा कि मेरा, लाभ के पद से संबंधित बिल वाला पत्र मंत्रिमंडल को जाना चाहिए या संसद को। संविधान को पढ़ने पर मैंने पाया कि संविधान की धारा 111 के अनुसार प्रस्ताव संसद के वापस पुनर्विचार के लिये जाना चाहिए। वैसे भी, मेरे पास अनुमोदन के लिये यह 'लाभ के पद वाला बिल' मंत्रिमंडल से नहीं बल्कि संसद से आया था। इसलिए मैंने इस बिल को संसद के दोनों सदनों, लोकसभा और राज्यसभा के पास पुनर्विचार के लिये भेज दिया। लोकसभा या राष्ट्रपति भवन के अब तक के इतिहास में यह पहली बार हुआ था कि राष्ट्रपति ने कोई प्रस्ताव पुनर्विचार के लिये वापस भेजा हो। फिर क्या था, अगले ही दिन, मेरे बिल को संसद में वापस भेज देने की खबर सभी अखबारों और टेलिविजन के चैनलों पर मुख्य चर्चा का विषय बन गयी। मैं गहरी चर्चा का विषय बन गया। सभी दलों ने मुझ पर बेहद दबाव डाला कि मैं उस बिल को उसी तरह स्वीकार कर के उस पर अपने हस्ताक्षर कर दूँ।

मेरे लिये लाभ या उपहार का केवल एक ही मतलब था जो मनुस्मृति में लिखा था, 'उपहार स्वीकार करने से मनुष्य के अंतःकरण का प्रकाश बुझ जाता है।' एक हदीथ में लिखा है 'जब सर्वशक्तिमान ईश्वर, किसी व्यक्ति को किसी ज़िम्मेदारी पर बैठाता है, तो ईश्वर खुद उनकी ज़रूरतों का ध्यान रखता है। जब वह व्यक्ति अपने हक से ज़्यादा कुछ ले लेता है, तो वह गैरकानूनी हो जाता है।'

मेरा, उस बिल को वापस कर देने का यही कारण था। वह बिल सुधारा गया और उसे फिर मेरे पास अनुमोदन के लिये भेज दिया गया। प्रधानमंत्री मुझसे मिले और उन्होंने हैरत जताई क्योंकि आम तौर पर मैं अगले ही दिन स्वीकृत बिलों को भेज देता रहा हूँ। 'बिना किसी कार्यवाही के उस पर हफ्तों का समय क्यों लग रहा है?' उनका सवाल था। मैंने कहा कि उन पर संसद की ओर से कुछ कार्यवाही होनी है, और उसके बारे में मुझे कोई खबर नहीं है। प्रधानमंत्री ने कहा कि वह यह निर्देश दे चुके हैं कि संसद 'संयुक्त संसदीय कमेटी' (जे.पी.सी.) बनाए जो इस लाभ के पद के सभी पहलुओं पर, मेरे परामर्श के अनुसार विचार करे। इस बीच देर क्यों हो रही है, इस पर आलोचना शुरू हो गयी। लेकिन मेरा सोच एकदम साफ़ था कि इसके संबंध में न्यूनतम अपेक्षाओं का पालन होना चाहिए, तभी बिल को स्वीकार किया जा सकता है।

इस विषय के संबंध में मेरे पास बहुत-सी पार्टियों के अनेक प्रतिनिधिमंडल आये। मैं उस समय उत्तर-पूर्व राज्यों के दौरे पर था और दिल्ली आने के लिये कोहिमा से गुवाहाटी की हवाई यात्रा पर था। मुझे एक सन्देश मिला कि 'लाभ के पद वाले बिल' पर जे.पी.सी. बनाने के प्रस्ताव को संसद ने मेरे अनुमोदन के लिये भेजा है। जैसे ही मुझे इस बात की संपुष्टि मिली। कि संसद ने इस पर कार्यवाही शुरू कर दी है। मैंने उस पर हस्ताक्षर कर अपनी स्वीकृति दे दी।

कुछ महीनों बाद संसद ने जे.पी.सी. की ऐसी रिपोर्ट को स्वीकृति दे दी, जो अधूरी थी और उसने मेरे उठाये मुद्दों पर मेरे सुझाव के अनुसार काम नहीं किया था। मैंने कहा कि संसद को ऐसे विषयों को ध्यान से, गंभीरता पूर्वक संभालना चाहिए अन्यथा यह समझा जाएगा कि देश की सर्वोच्च संस्था द्वारा अनुचित क्रिया-कलापों को स्थापित किया जा रहा है, और उनके आधार पर बने अनुचित तरीके राष्ट्रीय स्तर की मान्यता पा जाएँगे।

'ऑफिस ऑफ प्रोफिट बिल' की वापसी ने यह स्पष्ट रूप से तय कर दिया कि कैसे संसद के स्तर पर जो प्रक्रियाएँ सार्वजनिक जीवन में सत्यनिष्ठा के मानदंडों पर खरी नहीं उतरतीं उन पर संजीदगी और गंभीरता से विचार और अवलोकन नहीं होता जो कि होना ज़रूरी है। इसे एक शुरुआत माना जा सकता है जहाँ से गलत प्रक्रियाएँ स्वीकार ली जाती हैं और जिसके कारण

राष्ट्रीय मानदंड को रचने और कायम रखने में हर प्रकार के समझौते किये जाते हैं।

अभी हाल में भ्रष्टाचार के खिलाफ दो भूख हड़तालों के प्रसंग सामने आये हैं, और इसके अलावा और भी हैं जो उभर सकते हैं। मैं अपने आप से यह पूछता हूँ कि आखिर हमारे लोकतांत्रिक देश में ऐसे आन्दोलन क्यों हो रहे हैं? इसका मुख्य कारण संसदीय मानदंडों के स्तर का गिरते जाना है। मेरा सुझाव है कि संसद को बिखराव आदि की बाधा से मुक्त, कम से कम दो सप्ताह का एक सत्र चलाना चाहिए जिसमें गहन विचार विमर्श के ज़रिये वह समय बद्ध कार्यक्रम चलाया जाए जिससे जनजीवन भ्रष्टाचार की बुराई से छुटकारा पा जाए। ऐसे कार्यक्रम के एक हिस्से की तरह, सांसदों के लिये एक आचार संहिता बनाई जाए। जन प्रतिनिधि, अगर अपने अभियान में असफल रह जाएँ, तो वह नागरिक जिन्होंने उसे चुन कर भेजा था, वह अपना असंतोष और विरोध किसी रूप में व्यक्त कर सकें। हर राजनीतिक दल को अपने कार्य-कलापों को इस दृष्टि से परखना चाहिए कि उन्होंने संसदीय प्रक्रिया द्वारा, भ्रष्टाचार को रोकने या मिटाने के लिये क्या कदम उठाये हैं। अब समय आ गया है कि संसद के दोनों सदन भ्रष्टाचार के इस मुद्दे पर गौर करें और इस संकट को दूर करने का कोई संवैधानिक तरीका निकालें, जिसमें विदेशों के बैंकों में जमा धन को भी वापस लाने का काम शामिल करें। यथासमय, संसद द्वारा उठाये गये यह कदम जनता के बीच संसद के प्रति विश्वासभाव वापस लाएंगे और शांति तथा सौहार्दता का माहौल बनेगा। ऐसा वातावरण देश के त्वरित विकास के लिये बहुत ज़रूरी है।

~

मेरे लिये बतौर राष्ट्रपति एक कठिन काम उन मृत्युदण्ड के फैसलों पर अपना निर्णय लेना था , जिन्हें, अदालत ने, अनेक सिफारिशों और अपील के बावजूद, सुनाया था। राष्ट्रपति भवन में ऐसे बहुत से मामले बरसों से विचाराधीन पड़े हैं, और विरासत में मिली यह ऐसी ज़िम्मेदारी है जिसे पा कर कोई भी राष्ट्रपति बहुत खुश नहीं होगा। मैंने सोचा कि मैं उस सभी मृत्युदंड पाए, विचाराधीन मामलों पर, उनके अपराध, अपराध की गंभीरता, और सजा पाये व्यक्ति की आर्थिक, सामाजिक स्थिति पर गौर करूं। मेरे इस विश्लेषण से चौंका देने

वाला तथ्य सामने आया कि सभी लंबित मामलों में अपराधी आर्थिक विपन्नता और सामाजिक भेद-भाव के शिकार हैं। इससे मेरी एक धारणा बनी कि हम ऐसे व्यक्तियों को दण्डित कर रहे थे जो किसी शत्रुता में ज़रा भी शामिल नहीं थे और न ही उनका अपराध से कोई प्रत्यक्ष हित सध रहा था। एक मामला ऐसा ज़रूर था जिसमें लिफ्ट चलाने वाला सचमुच एक लड़की के साथ बलात्कार और फिर उसकी हत्या करने के अपराध का दोषी था। उस मामले में मैंने उसकी मौत की सज़ा को ठीक ठहराते हुए, अपनी स्वीकृति दी।

मेरे विचार से, जब कोई अदालत मृत्युदंड के मामले की सुनवाई कर रही हो, तब कानून और न्याय की स्थिति को बनाये रखने वाली व्यवस्था को विचाराधीन अभियुक्त की पारिवारिक पृष्ठभूमि की जानकारी जुटा लेनी चाहिए। इस विश्लेषण से सही अपराधी और अपराध के कारण का खुलासा होगा।

हम सब ईश्वर की उत्पत्ति हैं। मैं कह नहीं सकता कि किसी मानव रचित व्यवस्था को यह अधिकार मिलना चाहिए कि वह नकली और गढ़े हुए सबूतों के आधार पर किसी दूसरे इंसान की जान ले ले।

~

राष्ट्रपति की एक बड़ी ज़िम्मेदारी यह है कि लोकसभा के आम चुनाव के परिणाम घोषित होने के बाद नई सरकार के गठन के लिए प्रधानमंत्री की नियुक्ति करें या स्थिति विशेष में जब स्थानापन्न प्रधानमंत्री की आवश्यकता हो—नियुक्ति करें। इन परिस्थितियों में राष्ट्रपति को इस बारे में आश्वस्त होना होता है कि एक दल या गठबंधन युक्त दल, को स्थिर सरकार बना सकने के लिये, ज़रूरी संख्या में सदस्यों का समर्थन प्राप्त हो। उस दशा में यह निर्णय जटिल हो जाता है जब, एक से अधिक दावेदार सरकार बनाने के अपने हक को लेकर आ जाते हैं, और किसी भी एक दल के पास सदन में स्पष्ट बहुमत नहीं होता। इस सन्दर्भ में वर्ष 2004 के चुनाव परिणाम रोचक थे। चुनाव परिणाम से स्पष्ट हो गया कि किसी भी राजनीतिक दल को अपनी सरकार बनाने के लिए ज़रूरी बहुमत नहीं मिला था।

कांग्रेस को सर्वाधिक बहुमत मिला था। तीन दिन बीत जाने के बावजूद कोई भी राजनीतिक दल या गठबंधन सरकार बनाने का दावा पेश करने नहीं

आया। यह मेरे लिए चिंता का विषय था। मैंने अपने सचिवों से बात करके सबसे बड़ी विजेता पार्टी के पास पत्र भेजा कि वह सरकार बनाने का दावा पेश करे।

मुझे बताया गया कि 18 मई को, दोपहर 12:15 बजे सोनिया गाँधी मुझसे मिलने आ रही हैं। वह समय पर पहुंचीं, लेकिन अकेले आने की बजाय वह अपने साथ डॉ. मनमोहन सिंह को लाईं, और उन्होंने मुझ से बात की। उन्होंने कहा कि उनको पर्याप्त सदस्यों का समर्थन प्राप्त है, लेकिन वह अभी वह पत्र नहीं ला पाई हैं जिस पर उन सदस्यों के, समर्थन में किये गये दस्तखत हैं। वह उस पत्र के साथ सरकार बनने के दावे के लिये 19 मई, (यानी अगले दिन) तक का समय चाहती हैं। मैंने उनसे कहा कि वह देर क्यों कर रही हैं, यह काम शाम तक पूरा हो सकता है। वह वापस चली गईं। बाद में मुझे सूचना मिली कि वह शाम 8:15 पर मुझसे भेंट करने आएंगी।

जब यह बातचीत चल ही रही थी, मेरे पास लोगों, संगठनों और राजनीतिक पार्टियों द्वारा भेजे गये बहुत से ई मेल, और पत्र आये, कि मैं सोनिया गाँधी को देश का प्रधानमंत्री न बनने दूँ। मैंने वह सारे पत्र वगैरह, बिना अपनी किसी टिप्पणी के, सूचनार्थ, अनेक सरकारी एजेंसियों को भेज दिए। इसी बीच, मेरे पास बहुत से राजनेता इस बात के लिये मिलने आये कि मैं किसी दबाव के आगे कमज़ोर पड़ कर, श्रीमती सोनिया गाँधी को प्रधानमंत्री न बनने दूं। यह निवेदन किसी भी तरह संवैधानिक नहीं था। वह अगर अपने लिये कोई दावा पेश करेंगी तो मेरे पास उसे स्वीकार करने के अतिरिक्त कोई रास्ता नहीं होगा।

तयशुदा समय शाम 8:15 पर श्रीमती गांधी राष्ट्रपति भवन आईं और उनके साथ डॉ. मनमोहन सिंह थे। इस भेंट में, रस्मी खुशनुमा बातचीत के बाद उन्होंने मुझे अपने गठबंधन वाले दलों का समर्थन पत्र दिया। उसके बाद मैंने सरकार बनाने योग्य दल के रूप में उनका स्वागत किया और कहा कि राष्ट्रपति भवन उनके बताए समय पर शपथ ग्रहण समारोह के लिये तैयार है। उसके बाद उन्होंने कहा कि वह प्रधानमंत्री पद के लिये डॉ. मनमोहन सिंह को नामांकित करना चाहती हैं। वह 1991 के आर्थिक सुधार के नायक हैं, काँग्रेस पार्टी के विश्वसनीय कर्णधार हैं तथा प्रधानमंत्री के रूप में निर्मल छवि वाले नेता हैं। यह सचमुच मेरे लिये और राष्ट्रपति भवन के लिये एक

अचम्भा था। सचिवालय को डॉ. मनमोहन सिंह को प्रधानमंत्री नियुक्त करते हुए और यथा शीघ्र सरकार बनाने का आमंत्रण देते हुए, दूसरा पत्र बनाना पड़ा

अंततः 22 मई को डॉ. मनमोहन सिंह और उनके 67 मंत्रियों ने भव्य अशोका हॉल में शपथ ग्रहण की।

मैंने चैन की सांस ली कि एक महत्त्वपूर्ण काम आखिर पूरा किया जा सका। फिर भी मैं इस हैरत से बाहर नहीं आ पाया कि किसी और पार्टी ने तीन दिनों के भीतर अपना दावा क्यों नहीं पेश किया।

अपने कार्यकाल में मुझे बहुत-से कठिन निर्णय लेने पड़े। मैंने हमेशा कानूनी और संवैधानिक परामर्शों के आधार पर, अपने विवेक से फैसले किये। अपने हर फैसले के पीछे मेरी यही कोशिश रही कि मैं संविधान की प्रकृति, पवित्रता और दृढ़ता की रक्षा कर सकूँ।

14

राष्ट्रपतित्व के बाद

एक फूल को देखें, वह कितने उन्मुक्त भाव से अपनी सुगंध, अपना पराग लुटाता है, लेकिन अपना सम्पूर्ण दे चुकने के बाद, चुपचाप मुरझा जाता है।

—भगवद्गीता

राष्ट्रपति के रूप में मेरा जीवन बहुत व्यस्त बीता। अपने कार्यकाल के पहले ही वर्ष में मेरा लक्ष्य था कि मैं अपने सुन्दर देश की यात्रा पर निकलूं, सभी राज्यों में जाकर खुद देखूँ कि वहां के निवासियों का जीवन कैसा है, उनके परिवेश, पर्यावरण और उनकी समस्याओं को समझूँ, और इस बात का एहसास करूँ कि वह कितने खुशहाल हैं। लक्षद्वीप, केरल के सागरतट से लगा हुआ एक छोटा सा द्वीपसमूह है। बस वही एक ऐसा स्थान है जो मैं दुर्भाग्य से, देख नहीं पाया। अन्य सभी मैंने देखे, और एक या एक से ज़्यादा बार भी वहां गया। हर एक क्षेत्र की अपनी मनभावन छटा है। और सब क्षेत्रों की सरलता में भारतीयता की एक विशिष्ट उष्णता है।

मेरी यह यात्रा दूसरों को कैसी लगी, यह जानना रोचक है। मैं, इस सन्दर्भ में *आउटलुक* पत्रिका में प्रकाशित एक रिपोर्ट के कुछ अंश यहाँ देना चाह रहा हूँ, 'कलाम एक ऐसे घुमंतू राष्ट्रपति हैं जिन्होंने अपने कार्यकाल के केवल दस महीनों में इक्कीस राज्यों की यात्रा कर ली है, जो कोई दूसरा राष्ट्रपति अपने पांच वर्ष के कुल कार्यकाल में भी नहीं कर पाया। वे अपने हर तूफानी दौरे में कभी तो पन्द्रह तक कार्यक्रम भी पूरे करते हैं। अक्सर कार्यक्रम से एक रात पहले पहुँचते हैं जिससे कि अगले दिन का अधिकतम उपयोग कर सकें।'

राष्ट्रपतित्व काल के पूरा होने पर मुझे दो बातों का बहुत संतोष मिला। जब मैंने कार्यभार संभाला, मैंने पाया कि विद्यार्थियों में उदासीनता और निराशा का भाव छाया हुआ है। मैं उन तक जा कर आश्वस्त करते हुए उन में उत्साह भरने का काम करता था और उन्हें बताता था कि किसी भी युवा को भविष्य के प्रति आशंकित होने की ज़रूरत नहीं है, क्योंकि भारत प्रगति के रास्ते पर है, उसका विकास होगा और आप सब भी पीछे नहीं रहेंगे। सचमुच, हाल के समय में विकास की गति तेज़ी से बढ़ी है। मेरा राष्ट्रपति पद का कार्यकाल पूरा होने तक, युवाओं का मानस बदल चुका था। वह विकसित भारत में रहना चाहते थे और उसके लिये काम करना चाहते थे।

लोगों को बहुत उत्सुकता थी कि मैं राष्ट्रपति पद की व्यस्त दिनचर्या से मुक्त हो कर कैसे सहज निर्वाह कर पाऊंगा। अपने राष्ट्रपति होने के पहले मैं अपने लेखन, अध्यापन और राष्ट्रीय तथा अंतरराष्ट्रीय स्कूलों और विश्वविद्यालयों में युवाओं को प्रोत्साहित करने में व्यस्त रहता था। मैं अनेक सेमिनारों और अधिवेशनों में हिस्सा लेता था। मेरा मन था कि मैं उसी जीवन में फिर वापस चला जाऊँ। मेरे पास अन्ना यूनीवर्सिटी चेन्नई, इंडियन इंस्टीटयूट ऑफ इन्फोर्मेशन टेक्नोलॉजी (आई. आईआई. टी.) हैदराबाद, जी.बी. पन्त विश्वविद्यालय कृषि एवं टेक्नोलॉजी पंतनगर, दिल्ली विश्वविद्यालय, आई. आई. एम. अहमदाबाद, आई.आई.एम. इंदौर, आई.आई.टी. खड़गपुर, बनारस हिन्दू यूनिवर्सिटी आदि से अध्यापन के प्रस्ताव आये हुए थे।

जैसा मैंने देखा, 26 जुलाई 2007 के बाद से अब तक, मेरा जीवन के लक्ष्य के प्रति नज़रिया बहुत व्यापक हो गया था। मेरा अध्यापन और शोध कार्य अब पन्त यूनिवर्सिटी में अच्छी तरह स्थापित हो चुका है। मेरी संकल्पना यह है कि वहाँ के छात्र भारत की दूसरी हरित क्रान्ति के केन्द्र बिन्दु बनें। उसके पास अब बहुत बड़े परिसर में, प्रयोगात्मक खेती के लिये उपलब्ध बहुत बड़ा क्षेत्र है। भारत के सबसे पहले आई. आई. टी. खड़गपुर में मैंने विशिष्ट प्रोफ़ेसर के रूप में 'लीडरशिप एंड सोशियेटल ट्रांसफॉरमेशन' विषय पढ़ाया था। आई. आई. टी. हैदराबाद में मैंने इन्फॉर्मेशन टेक्नोलॉजी और संबंधित उत्पादों के बारे में पढ़ाया, भारत-2020 संकल्पना के विकास के लिये यह बहुत प्रासंगिक विषय है। बनारस हिन्दू यूनिवर्सिटी में और अन्ना यूनिवर्सिटी में मैंने टेक्नोलॉजी और उसके 'नॉन लीनियर डाइमेंशन' विषय पढ़ाया, जिसकी

ग्रामीण अर्थव्यवस्था में बदलाव लाने मेंबहुत महत्त्वपूर्ण भूमिका है।आई.आई.एम. अहमदाबाद में और लेक्सिंग्टन अमेरिका के गट्टन कॉलेज ऑफ बिजनेस एंड इकोनोमिक्स में एक विशेष पाठ्यक्रम विकसित किया गया था जिसमें अध्यापकों और विद्यार्थियों के बीच संवाद का प्रावधान था। यह पाठ्यक्रम प्रबंधन के स्नातकों को राष्ट्रीय और अंतरराष्ट्रीय विकास की चुनौतियों से परिचित कराता था। इसमें विद्यार्थियों ने बहुत-से नये और पारंपरिक सोच से हट कर, अपने विचार रखे और रणनीतियाँ सुझाईं, जिनके आधार पर 2020 के पहले, प्रतिस्पर्धी भारत के लिये दस स्तंभों की पहचान की गयी। उदाहरण के लिये, छात्रों का एक समूह पी.यू.आर.ए. को सरकारी और निजी, साझा सहयोग से चलाने की योजना पर काम कर रहा है।

मुझे विदेश से भी बहुत-से आमंत्रण मिलते हैं। मैं शैक्षिक, राजनीतिक और औद्योगिक समुदाय के लोगों के विशेष आमंत्रणों पर अमेरिका, यू.के. इंडोनेशिया, रिपब्लिक ऑफ कोरिया, नीदरलैण्ड, कनाडा, फिनलैंड, नेपाल, आयरलैंड, संयुक्त राज्य एमीराट्स, ताइवान, रूस और ऑस्ट्रेलिया की यात्रा पर गया। इन यात्राओं के बीच मैंने विश्वविद्यालयों और शोध संस्थानों को देखा, विश्व युवा अधिवेशनों में भाग लिया, और उनके साथ विकसित भारत की संकल्पना को साझा किया। मैंने उन्हें आर्थिक विकास और मूल्य आधारित शिक्षा के सन्दर्भ में दूसरे देशों की भागीदारी का महत्त्व समझाया। अब तक मैंने करीब 1200 कार्यक्रमों में भाग लिया है और मैं डेढ़ करोड़ लोगों से मिल चुका हूँ, जिनमें अधिकांशतः युवा थे। मैंने युवाओं के सपनों की झलक पाई, जाना कि वे कैसे अपने क्षेत्र में अनोखे होना चाहते हैं, और तमाम चुनौतियों का सामना करते हुए कैसे उत्साहपूर्वक विकास के अपने अभियान को सफल देखना चाहते हैं। अब यह अभियान वर्ल्ड विज़न 2030 का रूप ले चुका है।

इन सारी घटनाओं ने मेरे जीवन को नई दिशा दी है। जब मैं मुड़ कर पीछे देखता हूँ, मैं मनन करता हूँ कि इन घटनाओं द्वारा रचे बदलाव से मैं क्या सीख सकता हूँ। हर स्थिति में निर्णय लेना एक जटिल प्रक्रिया थी और हर घटना समय-सापेक्ष एक-दूसरे से बहुत भिन्न थीं। नई चुनौतियों के लिए प्रयास करना मेरे सब निर्णयों की नींव थी और इससे मेरा जीवन समृद्ध हुआ है।

यह बहुत कठिन है, कि कोई व्यक्ति वह सब कुछ करने के लिये समय निकाल ले जो वह करना चाहता है। दरअसल, मेरे कामों की सूची अपना रास्ता स्वयं तय करती है। यह मुझे पहले से कहीं ज़्यादा व्यस्त रखने लगी है और मैं इस बात पर विचार करने लगा हूँ कि मैं अपने लिये कुछ ज्यादा समय निकाल सकूँ। एक बार मैं हंसी-हंसी में आर.के. प्रसाद की खिंचाई कर रहा था, जो मेरे कार्यक्रम तय करता है कि उसने कैसे यह तय कर लिया कि मैं शुक्रवार को मैसूर से लौटूंगा, और सोमवार को मुरादाबाद और रामपुर में अपने चार अलग-अलग कार्यक्रम पूरे कर के देर रात दिल्ली पहुँचूँगा, जहाँ मुझे बुधवार को पैन ई अफ्रीकन नेटवर्क को संबोधित करना है। मेरा बृहस्पतिवार गुवाहाटी के लिये तय है, जहाँ से मेरा दिल्ली लौटना शुक्रवार रात को होगा। शनिवार को सुबह मुझे लखनऊ में एक विशिष्ट सभा में भाग लेना है। अभी हाल में गये, मई महीने का तारीखवार सूची के साथ मेरा कार्यक्रम यहाँ दिया जा रहा है, जिसमें शायद ही कुछ अनकिया रह गया हो।

मई 2012 की कार्यसारणी

मंगलवार 1 मई

- ☆ बोकारो का दौरा: बोकारो स्टील प्लांट में चिन्मय विद्यालय के इंजीनियरों और विद्यार्थियों को संबोधित करना।
- ☆ रांची में 'मैं क्या कर सकता हूँ' कार्यक्रम का उद्घाटन

शनिवार एवं रविवार 5 - 6 मई

- ☆ चेन्नई, त्रिची और कराइकुडी का दौरा

सोमवार 7 मई

- ☆ छत्तीसगढ़ के तीस विद्यार्थियों और अध्यापकों से भेंट

बुधवार 9 मई

- ☆ मथुरा में 'मैं क्या कर सकता हूँ' कार्यक्रम के उद्घाटन के संबंध में संस्कृति समूह के संस्थानों का दौरा।
- ☆ वृन्दावन में विधवा आश्रम के लिये पागल बाबा के आश्रम की यात्रा

शुक्रवार 11 मई

- ☆ साइंस और टेक्नोलॉजी विभाग में 'टेक्नोलॉजी दिवस' समारोह का उद्घाटन

शनिवार 12 मई

- ☆ आजमगढ़ में वेदांत अस्पताल का उद्घाटन और आजमगढ़ में विद्यार्थियों तथा अध्यापकों को संबोधन।

मंगलवार 15 मई

- ☆ नैशनल को-ऑपरेटिव डेवलेपमेंट कॉपोरेशन के 'इण्टरनेशनल ईयर ऑफ को-ऑपरेटिव 2012' का उद्घाटन

बृहस्पतिवार एवं शुक्रवार 17-18 मई

- ☆ सी. एम. आर. इंस्टीटयूट ऑफ टेक्नोलॉजी के स्नातक दिवस समारोह में मुख्य अतिथि
- ☆ डिफेन्स फ़ूड रिसर्च लैब मैसूर की गोल्डन जुबली में भाषण
- ☆ आल इण्डिया इंस्टीटयूट ऑफ स्पीच एंड हियरिंग का दौरा।
- ☆ जे.एस.एस. यूनिवर्सिटी में विद्यार्थियों के बीच व्याख्यान

सोमवार 21 मई

- ☆ तीर्थंकर महावीर यूनिवर्सिटी मुरादाबाद के पहले दीक्षांत समारोह में मुख्य अतिथि
- ☆ रामपुर में ज़िला स्कूल के छात्रों को सम्बोधन
- ☆ सी. एल. गुप्ता. आई इंस्टीटयूट में डॉक्टरों और स्टाफ को सम्बोधन
- ☆ मुरादाबाद इंस्टीटयूट ऑफ टेक्नोलॉजी के छात्रों को सम्बोधन

बुधवार 23 मई

- ☆ अफ्रीकी देशों को पैन-अफ्रीकन ई-नेटवर्क सम्बोधन

बृहस्पतिवार 24 मई

- ☆ आई.आई.टी. गुवाहटी के वार्षिक दीक्षांत समारोह में सम्बोधन

शनिवार 26 मई

- ☆ लखनऊ में हिन्दुस्तान टाइम्स—हिन्दुस्तान उत्तर प्रदेश विकास सभा को सम्बोधन

यह समझा जा सकता है कि इन अलग-अलग तरह के कार्यक्रमों के लिये भाषण, व्याख्यान भिन्न-भिन्न तरह के होते हैं और उनकी तैयारी तो अपने आपमें एक बड़ा काम है।

~

लखनऊ में 26 मई को आयोजित विशेष सभा का उद्देश्य उत्तर प्रदेश के विकास के लिये विचार-मंथन करना था। मैंने अपनी प्रस्तुति तैयार करने में कुछ समय लगाया। मुझे इस बात की खुशी हुई कि वहां मैंने जो विचार रखे वह वहां एकत्रित विशेषज्ञों को अच्छे लगे। उनमें उत्तर प्रदेश के नव निर्वाचित मुख्यमंत्री अखिलेश यादव भी थे। अड़तीस वर्ष की आयु के, वह देश के सबसे कम उम्र के मुख्यमंत्री हैं।

उत्तर प्रदेश की अर्थव्यवस्था देश की दूसरी सबसे बड़ी अर्थव्यवस्था है, और उसके पास समृद्ध प्राकृतिक और जन-संसाधन हैं। दस करोड़ युवाओं वाले इस राज्य में, देश का हर पांचवां युवा रहता है। मेरे विशेषज्ञ मित्र बताते हैं कि वर्ष 2016 तक, विश्व-भर के, दक्ष कामगारों की कुल आवश्यकता का आठ प्रतिशत केवल उत्तर प्रदेश के लोगों द्वारा भरा जाएगा।

उत्तर प्रदेश के बारे में मेरा आर्थिक अध्ययन बताता है कि यहाँ की तिहत्तर प्रतिशत आबादी खेती के काम में लगी है और इसकी छियालीस प्रतिशत वित्तीय सम्पदा कृषि के ज़रिये आती है। ग्यारहवीं पंचवर्षीय योजना की अवधि में इस प्रदेश ने 7.3 प्रतिशत ग्रॉस स्टेट डोमेस्टिक प्रोडक्ट (जी.एस.डी.पी.) अर्जित किया, जो कि न्यूनतम 6.1 प्रतिशत के निर्धारित लक्ष्य से अधिक है। राज्य भर में तेईस लाख लघु औद्योगिक इकाइयां हैं। ताज़ा जानकारी के अनुसार, राज्य में अभी पचीस लाख बेरोज़गार युवा हैं, जिनमें नौ लाख की उम्र पैंतीस वर्ष से अधिक है।

इन तथ्यों को देखते हुए, मेरी प्रस्तुति ने बताया था कि प्रति व्यक्ति वार्षिक आय को मौजूदा 26,051 रुपये से बढ़ा कर एक लाख पहुंचा देना चाहिए। इसके लिये रोज़गार के मूल्य आधारित (प्रभावी) अवसर तैयार करना, शत प्रतिशत साक्षरता, शिशु मृत्यु दर के स्तर को दस से भी नीचे लाने के उपाय और कुष्ट, कालाजार, मलेरिया चिकुनगुनिया, डेंगू, तथा तपेदिक जैसे रोगों का उन्मूलन किया जाना चाहिए। मैंने यह विस्तार से समझाया कि इससे दो करोड़ लोगों को रोज़गार देने का लक्ष्य कैसे पूरा किया जा सकता है।

मेरा एक सुझाव था कि उत्तर प्रदेश की दक्षता क्षमता दर्शाने वाला एक नक्शा तैयार किया जाना चाहिए। इसका मतलब यह है कि सब जिलों में यह वहां की कला, संगीत, हस्तकला, कृषि उत्पाद क्षमता, पाक कला आदि

दक्षता का ब्यौरा एक जगह दर्ज हो जिसके आधार पर वहां की संभावना समझ कर विकास की योजना बनाई जा सके।

उस प्रस्तुति में और भी कई विशेष उपाय बताये गये थे। मेरी इच्छा है कि तेज़ी से, देश-भर में प्रभावी विकास लाने के लिये ऐसी गतिज योजनाएं लायी जानी चाहिए जिनमें आपसी संवाद की भी गुंजायश हो।

~

भारत और अमेरिका के बीच हुआ 123 समझौता इंडो-यू.एस. न्यूक्लियर डील कहलाता है। इस समझोते के अनुसार भारत अपनी नागरिक और सामरिक नाभिकीय इकाइयों को अलग अलग करेगा और अपनी सारी नागरिक नाभिकीय इकाइयों को इंटरनैशनल एटोमिक एनर्जी एजेंसी (आई.ए.ई.ए.) के संरक्षण (सेफ गार्ड) के अधीन करेगा उसके बदले में अमेरिका ने सहमति व्यक्त की कि वह भारत की सम्पूर्ण नागरिक नाभिकीय शक्ति की योजनाओं के विकास में भारत का सहयोग करेगा। इस पर लंबा चलने वाला विचार-विमर्श हुआ और यूनाइटेड प्रोग्रेसिव एलाएंस (यू.पी.ए.) सरकार को आई.ए.एम.ए. के इस सेफ गार्ड समझौते पर दस्तखत करने के पहले 22 जुलाई 2008 को एक विश्वास मत हासिल करना पड़ा।

इस विश्वास मत की कठिन परिस्थिति यह थी, कि वामपंथी दल, जो यू.पी.ए. सरकार को बाहर से समर्थन दे रहे थे, वह इस समझौते के पक्ष में नहीं थे। समाजवादी पार्टी के अध्यक्ष मुलायम सिंह यादव और उनके प्रमुख सहायक अमर सिंह इस नाभिकीय समझौते के प्रति असमंजस में थे, कि वह इसके पक्ष में मत प्रकट करें या नहीं। वह इस के प्रति आश्वस्त नहीं थे कि अमरीका के साथ यह नाभिकीय समझौता सचमुच देश के हित में है, या यह पश्चिम, विशेष रूप से अमेरिका के व्यावसायिक हित को साधने का एक तरीका है। स्थिति स्पष्ट करने के लिये मुलायम सिंह और अमर सिंह दोनों ने मुझसे मेरे आवास 10, राजाजी मार्ग पर मिलने की इच्छा प्रकट की कि इस समझौते की अच्छाइयां-बुराइयां जान सकें। मैंने उन्हें बताया कि आने वाले समय में भारत को थोरियम आधारित नाभिकीय संयंत्रों के प्रयोग से आत्मनिर्भर होना ही होगा। उसके लिये भारत को बिना किसी बाधा

के, पर्याप्त मात्रा में स्वच्छ ऊर्जा की ज़रूरत होगी। यह समझौता हमें यूरेनियम की मौजूदा कमी की समस्या से उबरने में मदद करेगा।

एक और महत्त्वपूर्ण मुद्दा, इन नाभिकीय ऊर्जा संयंत्रों के खिलाफ असंतोष का कारण बना, वह था—फुकुशियामा जापान में मार्च 2011 की सुनामी के बाद हुई तबाही देखने के बावजूद, कोडान्कुलम तमिलनाडु में ऐसे संयंत्रों का लगाया जाना। स्थानीय गाँवों के आंदोलनकारियों को बहुत सी देशी और विदेशी गैर सरकारी संस्थाओं (एन.जी.ओ.) की मदद मिल रही थी और उनकी मांग थी कि इन संयंत्रों का कोडान्कुलम में लगाया जाना रोका जाए। आंदोलनकारी, इंजीनियर लोगों को काम करने से रोक रहे थे। स्थिति की गंभीरता को देखते हुए, मैंने भारत में लगाए जाने वाले नाभिकीय ऊर्जा संयंत्रों में लगी सुरक्षा संबंधी व्यवस्था का गहराई से अध्ययन किया उसके बाद उसके लगाये जाने के पक्ष में सभी स्थानीय अंग्रेज़ी के अखबारों में अपना मत व्यक्त किया कि भारत के विकास के लिये यह संयंत्र बहुत ज़रूरी हैं।

साथ ही मैं अपनी टीम के साथ कोडान्कुलम गया। मैं वहां, अपने विकास की श्रेष्ठतर तीसरी पीढ़ी के दो हज़ार मेगावाट के जनरेटरों की सुरक्षा प्रणाली को समझना चाहता था, जो फुकुशियामा में हुई सुनामी की घटना के बाद, लोगों के संशय का विषय बन गये थे। मैंने वहां पूरा दिन लगा कर, जनरेटर प्लांट के विभिन्न तंत्रों को खुद परखा, अनेक वैज्ञानिकों और विशेषज्ञों से बात की और इस बात से पूरी तरह संतुष्ट हुआ कि एकदम ताज़ा टेक्नोलॉजी से युक्त, इन संयंत्रों की सुरक्षा व्यवस्था भली भांति चाक-चौबंद है। नाभिकीय पॉवर प्लांट की सुरक्षा चार कसौटियों पर जांची जाती है। मज़बूत बनावट का गठन, ताप तथा जलीय सुरक्षा, विकीरण अवरोधक क्षमता और कोशिकीय संरचना की सुरक्षा। मैंने पाया यह जनरेटर इन चारों कसौटियों पर खरे उतरने वाले थे।

बाद में मैंने सुझाव दिया कि वहां पर एक पी.यू.आर.ए. संस्थान की एक विशेष इकाई स्थापित होनी चाहिए, जो आसपास के गाँवों के स्थानीय लोगों को शिक्षा, प्रशिक्षण सुविधाओं और प्रभावी रोज़गार पाने की व्यवस्था करे।

मेरे लिये यह खुशी की बात है कि सरकार इस बात के लिये राज़ी हो गयी है कि वह इस पॉवर प्लांट से अर्जित लाभ का दो प्रतिशत अंश कोडान्कुलम के सामाजिक विकास, ग्राम सुधार, नागरिकों के सशक्तीकरण

के कामों के लिये रखेगी। इन पॉवर प्लांटों का चलाना भी उर्जा आत्मनिर्भरता कार्यक्रम का एक हिस्सा होगा।

बीते पाँच वर्षों ने मुझे मौका दिया है : करोड़ों बच्चों से मिलने का; सक्रिय रूप से भारत और विदेश के अलग-अलग विश्वविद्यालयों में अपना अध्ययन और शोध कार्य करने का; बड़ी संख्या में प्रबन्धन पढ़ रहे छात्रों के लिए सामाजिक परिवर्तन का एक अध्यापक बनने का; ज़रूरी राष्ट्रीय मुद्दों पर अपने विचारों का योगदान देने का; और सबसे महत्त्वपूर्ण यह कि 8 राज्यों में जीवन रक्षा के लिए आपातकालीन संकट प्रबन्धन कार्यक्रम ('इमरजेंसी ट्रॉमा मैनेजमैंट प्रोग्राम') की शुरुआत करने में एक भूमिका अदा करने का।

उपसंहार

ओह! सांसदो, भारत माता के शिल्पकारो
हमें प्रकाश की ओर ले चलो, हमारा जीवन समृद्ध करो
तुम्हारा निष्ठापूर्ण उद्यम, हमें राह दिखाता है
तुम्हारी सतत कर्मठता, हमारा उत्कर्ष है।

वर्ष 2007 में मैं पदमुक्त हुआ और मैंने सांसदों को एक भाषण दिया, जिसका प्रसंग मैं समझता हूँ, मेरी पहले कही गयी बातों से गहराई से जुड़ता है, और उससे कुछ ऐसे मुद्दे उभर कर आते हैं जिनको ध्यान में रखना बहुत ज़रूरी है। भारत के एक स्वतंत्र लोकतांत्रिक राष्ट्र होने का अनुभव आस्था का अभूतपूर्व प्रमाण है। जब वर्ष 1951 में जनता को व्यापक रूप से मताधिकार मिला तो यह दुनिया की एक अनोखी मिसाल थी जहाँ करोड़ों निरक्षर, सम्पत्तिहीन लोग रातोंरात वोट देने के हकदार बन गये। उम्मीद बनी कि इस से एक शांत और स्थिर सामाजिक क्रान्ति आएगी। संविधान के अंतर्गत, नागरिकों को बहुत से मूल अधिकारों का आश्वासन दिया गया। इस व्यवस्था का मंतव्य था कि देश में एकता, सुरक्षा, सौहार्द तथा समृद्धि का एक ऐसा परिवेश बनेगा जैसा हमारे पराधीनता के इतिहास से पहले कभी नहीं रहा।

एक राष्ट्र के रूप में हमने अभूतपूर्व प्रगति की है, विशेष रूप से आर्थिक व्यवस्था इतनी अच्छी कभी नहीं रही। इसके बावजूद हमारी सफलता को बस ठीक-ठाक ही कहा जा सकता है, क्योंकि मानव संसाधन के विकास और प्रबंधन में हमें अभी बहुत कुछ करना है। हमें नये लक्ष्य और संकल्पनाशील नेताओं की ज़रूरत है जो जनहित में जी-जान से जुट जाने का उत्साह रखते हों और इस तरह उनमें सारी दुनिया के हित के लिए जूझने का जज़्बा हो।

निस्संदेह संसद भारत की एक प्रमुख संस्था है, जो वास्तव में प्रतिनिधि लोकतन्त्र का स्वरूप है। संसदीय लोकतन्त्र को यदि एक शासन प्रक्रिया और राष्ट्रीय नीतियों के व्यवस्था तन्त्र के रूप में देखा जाए तो इसने ऐतिहासिक सत्ता संरचना को ढीला करने में, स्वतन्त्र संस्थाओं को बनाए रखने में और लोकतन्त्र में आम लोगों की भागीदारी का विस्तार करने में अहम भूमिका निभाई है। लेकिन आज जब हम इक्कीसवीं सदी में प्रवेश कर रहे हैं इसमें कोई संदेह नहीं कि संसद के सामने, 1951 में उसकी संरचना के बाद से पहली बार इतनी अधिक चुनौतियाँ हैं विशेषकर मानव-संसाधन और शासन के सन्दर्भ में।

एक बात स्पष्ट जान लेनी चाहिए कि शासन तंत्र के रूप में संसद की क्षमताएं—विचार-विमर्श करने, कानून बनाने और सरकार और देश को दूरदर्शी नेतृत्व प्रदान करने की—बहुत हद तक राजनीतिक दलों के कामकाज, उनकी सोच पर निर्भर करती हैं न कि इस बात पर कि संसद अपने में एक संस्था है। यही मुख्य कारण है, मैं समझता हूं कि आज देश और संसद के सामने जो चुनौतियां हैं उन्हें आपके सम्मुख भी रखूं और सुझाव दूं जिससे कि भारत प्रगति कर सके और 2020 तक एक विकसित देश बन जाए।

एक आम धारणा यह बन रही है कि भारत की शासन प्रणाली के आंतरिक और बाहरी परिवेश में पिछले दो दशकों में बहुत तेज़ी से परिवर्तन हुआ है और इनमें कई परिवर्तन ऐसे हैं जो स्थायी बने रहने वाले हैं। परिवेश में हुए इन बदलावों के कारण जो चुनौतियां राष्ट्र की एकजुटता और संप्रभुता तथा उसके आर्थिक विकास के सामने आई हैं, उनका बहुत जल्दी और सुसंगत ढंग से सामना करने की ज़रूरत है। समय के साथ, अपने बढ़ते आकार और जटिलताओं के कारण सामाजिक संस्थाएं विगलित होते हुए, संकट की स्थिति में आने लगती हैं। ऐसा लगता है कि एक समाज प्रधान देश, भारत की प्रबंधन-व्यवस्था ऐसे ही संकट के दौर में पहुँच गयी है। ज़ोरदार आह्वान है कि समाज के स्वचिन्तित परिवर्तन और नवीनीकरण के काम को उच्च वरीयता दी जाए।

यह भारत का सौभाग्य है कि उसके पास सरकार और संसद में बहुत योग्य, सक्षम और संकल्पनाशील नेता हैं। देश को आज़ादी के बाद से आर्थिक, सामाजिक और राजनीतिक क्षेत्रों में हुई उपलब्धियों पर गर्वित होने का अधिकार

है। बहुतों की भविष्यवाणी है कि भारत 2050 तक एक सुदृढ़ आर्थिक स्थिति संपन्न देश हो जाएगा। फिर भी, लोकतंत्र और आर्थिक संपन्नता को स्थायी रूप से तय नहीं माना जा सकता। संप्रभुता बनाए रखने के लिये सतत निगरानी रखने की ज़रूरत होती है। यह एक बहुत महत्त्वपूर्ण बात है कि किसी भी, ऊपरी तौर पर संतोषजनक नज़र आती व्यवस्था को समय सापेक्ष अंतिम मान लेना उचित नहीं होता। हम केवल पिछली उपलब्धियों को देख कर, निश्चेष्ट बैठ जाएँ, और समाज तथा राष्ट्र के सामने नज़र आ रही बदलाव की ज़रूरतों को अनदेखा कर दें, यह बिलकुल ठीक नहीं है। उदारीकरण के बाद आर्थिक नवीनीकरण और सकारात्मक विकास की लहर निजी क्षेत्रों में स्पष्ट देखी जा रही है। यह एक बड़ी चुनौती है कि इस लहर को पहचान कर सरकारी संस्थानों में भी जगह दी जाए और जन व्यवस्था में नये प्राण फूंके जाएँ।

विविध सरकारी क्षेत्रों में न केवल उत्पादन, लाभ और बचत की दृष्टि से, बल्कि, शिक्षा, स्वास्थ्य, जल तथा परिवहन-प्रबंधन की दिशा में भी सुधार करना होगा ताकि जनता को बेहतर सुविधाएं मिल सकें। कई जाने-माने विद्वानों ने भी हमारी संसदीय व्यवस्था का गहराई से अध्ययन किया है और उन्होंने भी उसमें कुछ संस्थागत चुनौतियों को पहचाना है। मैंने उनके ब्यौरों को देखा है और मैं उसमें बताये गये कुछ महत्त्वपूर्ण संकेतों और सरोकारों का ज़िक्र यहाँ करूँगा।

देश में यह धारणा पक्की होती जा रही है कि संस्थान के रूप में संसद की कार्यशैली में, कार्य के प्रति चूक और सकल जवाबदेही की व्यवस्था होनी चाहिए। संसद इस अनुमापन के लिये कई तरीके अपना सकती है, जैसे, सदन में प्रस्ताव का प्रावधान और ऐसी निरीक्षण कमेटियों का गठन जो संसद की चूक पर नज़र रखें और उसे सदन के पटल पर लाएं। इन व्यवस्थाओं में भी समय-समय पर नव संचार होता रहे। यह एक तथ्य है कि भारत की आर्थिक व्यवस्था को, वैश्विक होते जाने से मज़बूती मिल रही है। हमारा राष्ट्र पहले से अधिक संपन्न हो रहा है लेकिन संसद के सचेत रूप से सशक्तीकरण की भी ज़रूरत है। इसके दो महत्त्वपूर्ण पक्ष हैं। आजकल बहुत-से आर्थिक निर्णयों का आधार अंतरराष्ट्रीय समझौते होते हैं। भारतीय संसद, दुनिया की उन कुछ संसदों में से है, जिसके पास इन समझौतों के गहन निरीक्षण का कोई तंत्र नहीं है। यह समझौते, अधिकांशतः संसद में तब पहुंचते हैं, जब

वे क्रियान्वित हो चुके होते हैं। इसलिए, आवश्यक रूप से, यह काम बहुत जल्द किया जाना चाहिए, कि संसद के पास एक वैधानिक शक्ति संपन्न तंत्र हो जो विदेशी समझौतों का निरीक्षण करे।

बहुत-से देशों की तरह भारत भी अपनी कार्यविधि और वैधानिक ढाँचे को पुनर्गठित करते हुए, यह नीति अपना रहा है कि ऐसे संस्थानों का भी सशक्तीकरण किया जाए जिन्हें जनमत के द्वारा नहीं चुना गया है। इस तरह कार्यभार विविध हाथों में सौंपे जाने का काम, विशेष रूप से उदारीकरण के बहुत बाद अपनाया गया है और सफल भी रहा है। इससे व्यवस्था में ज़िम्मेदारी की भावना और पारदर्शिता बढ़ सकती है, और इसके अनुकूल प्रमाण उजागर भी हुए हैं। इस समय, संसदीय व्यवस्था में गतिशीलता और उत्तरदायित्व का गुण लाने की तत्काल ज़रूरत है, ताकि संसद मज़बूत हो और उस की संबंधित संस्थाओं पर निगहबानी सतर्क हो जाए। कार्यकारिणी को भी सशक्त किये जाने की आवश्यकता है। इसके लिये, कार्यकारिणी अध्यादेशों के माध्यम से काम करना कम करे, अचूक और प्रभावी कानून बनाये जाएं और वित्तीय निरीक्षण की कार्यविधि को मज़बूत किया जाए।

वित्तीय मामलों की देखरेख में लगे कार्यकारी अधिकारियों के काम की जाँच संसदीय दैनन्दिनी का ज़रूरी हिस्सा बने और इस कार्यवाही को महत्त्व दिया जाए। इससे संसदीय कामकाज के बेहतर परिणाम निकलेंगे और संसद अनुभव-संपन्न होगी। इस गतिविधि से हमारे युवा और प्रथम बार निर्वाचित संसद सदस्यों को विशेष लाभ होगा। हमारा संसदीय लोकतंत्र सक्रिय सहभागिता की दृष्टि से बहुत उर्वर है। देश की पहली लोकसभा में केवल पांच राजनीतिक दलों का प्रतिनिधित्व था। चौदहवीं लोकसभा में इनकी संख्या करीब पचास है। संसद में राजनीतिक दलों की बहुलता का लाभ उठाया जाना चाहिए। संसद में उनकी भागीदारी ऐसे नियोजित की जानी चाहिए जिससे संसद भी मज़बूत हो और राजनीतिक पार्टियां भी। इसके लिये सामूहिक कार्यविधि के बीच से बाधाएं हटाई जानी चाहिए। इन तरीकों को अपनाने से एक तो ऐसे जटिल कानूनों की ज़रूरत कम होगी जो सांसदों पर लागू किये जाने की मांग है, दूसरे, इससे सांसदों में कानून के पालन के प्रति रुचि बढ़ेगी।

वह सांसद जो अच्छा काम कर रहे हैं, उनकी प्रशंसा की जानी चाहिए, उन्हें अपने संसदीय क्षेत्र में, और राजनीतिक दल या गठबंधन में पुरस्कृत

किया जाना चाहिए। इससे संसदीय कार्यों में दक्षता दिखाने के प्रति सांसदों में उत्साह की भावना जगेगी। ज़रूरत इस बात की है कि आज़ादी के बाद के शुरुआती वर्षों की तरह, संसद राजकोषीय प्रबंधन, और उन आर्थिक तथा सामाजिक नीतियों के प्रति एकस्वर में सजग हो जाए, जिनसे भारत वैश्विक अर्थशक्ति के साथ जुड़ सकता है। संसद के सशक्त बनने की राह में कोई ऐसा बाहरी कारण नहीं है, जिस पर हमारा बस न हो। सकारात्मक दूरदर्शी नेतृत्व को प्रोत्साहन देने से सांसदों को कई और चुनौती भरी ज़िम्मेदारी लेने के लिए प्रोत्साहित करें जिससे जवाबदेही और प्रभावी प्रबंध सुनिश्चित रहे।

बरसों के अध्ययन और मनन के बाद, अनेक विद्वानों ने, संसदीय व्यवस्था में सुधार के लिये अपने सुझाव दिए हैं। उनमें से कुछ को लागू करने की दिशा में गंभीरता से विचार किया जा सकता है।

राजनीतिक स्तर पर

1. गठबंधन सरकार की स्थिरता भंग करने की किसी छोटे दल की कोशिश से वैसे ही निपटा जाना चाहिए जैसे अभी किसी बड़े राजनीतिक दल से कुछ सदस्यों के दल-बदल के कदम से निपटा जाता है। किसी छोटी राजनीतिक पार्टी को, जिसकी लोकसभा में केवल दस या पंद्रह प्रतिशत सीटें हैं और उसने पहले गठबन्धन स्वीकार किया था, तो गठबंधन तोड़ने की स्थिति में उसकी वैधता रद्द हो जानी चाहिए।
2. संसदीय सन्दर्भ में, गठबंधन से जुड़े सभी राजनीतिक दलों को, एक ही मंच पर, एक ही दल की ध्वजा तले काम करना चाहिए।
3. मंत्रालयों को अपने वार्षिक लक्ष्य तय करने चाहिए जो कि संसद के सम्मुख रखे जाने चाहिए और इनके लिये मंत्रियों को जवाबदेह होना चाहिए।
4. संविधान में संशोधन के ज़रिये, बहुमत प्राप्त सरकार को यह अधिकार मिलना चाहिए कि वह यथा आवश्यकता, अपने मंत्रिमंडल में 25 प्रतिशत तक सदस्य संसद के बाहर से शामिल कर सके।
5. चुनाव निधि में जनता की हिस्सेदारी शुरू की जाए।
6. ऐसे कानून बनाये जाएँ कि किसी भी सदन की कार्यवाही सप्ताह

में दो बार से अधिक तब तक स्थगित नहीं की जा सकती है जब तक उसके लिये निर्दिष्ट सारे कार्य पूरे न हो जाएँ।

7. किसी भी वैधानिक व्यापार या बिल के सन्दर्भ में "मौखिक सहमति/असहमति" मान्य नहीं होनी चाहिए। वोटों की गिनती अनिवार्य होनी चाहिए।
8. सदन के स्पीकर/अध्यक्ष को यह अधिकार होना चाहिए कि वह सदन की कार्यवाही में बार-बार बाधा डालने वाले सदस्य को निलंबित कर सके।

प्रशासनिक स्तर पर

1. *केन्द्रीकरण :* आतंरिक सुरक्षा व्यवस्था का दायित्व राज्य के बजाय केन्द्र के ऊपर हो।
2. *विकेन्द्रीकरण :* विकास कार्यक्रमों के लिये वित्त व्यवस्था का दायित्व केन्द्र के बजाय राज्य के ऊपर हो।
3. एक केन्द्रीय समिति का गठन होना चाहिये जो गरीबी-उन्मूलन से संबंधित सभी कार्यक्रमों के लिये केंद्र द्वारा आबंटित सभी प्रकार की सहायता की पहुँच की पुष्टि करे और उसके देय स्वरूप हुए कामों की भी जांच करे।
4. यू.पी.एस.सी. (संघ लोक सेवा आयोग) की ही तरह, सभी स्वायत्त संस्थाओं, नियमन संस्थाओं, सरकारी संस्थाओं, बैंकों और वित्तीय संस्थाओं तथा शैक्षिक तथा सांस्कृतिक संस्थाओं में नियुक्ति कार्य करने के लिये, स्वतंत्र आयोग बनाया जाना चाहिए।
5. निजी क्षेत्रों के पुनर्जागरण और उसके विकास की तेज़ गति को देखते हुए, सरकारी तंत्र में बहुत तेज़ी से आमूल परिवर्तन होना चाहिए।
6. इस बात की निगरानी रखने के लिये एक नये वैधानिक तंत्र की ज़रूरत है कि प्रत्येक मंत्री प्रभावी ढंग से जनहित के काम का अपना उत्तरदायित्व संभाल रहा है।
7. योजना आयोग यह ज़िम्मेदारी ले कि वह संसद के पटल पर, योजना के सापेक्ष वस्तुतः किये गये काम की रिपोर्ट रखे।

8. सीमा तय हो जानी चाहिए जिसके आगे मंत्रालय स्तर पर कोई भी भ्रष्टाचार सहन नहीं किया जाएगा।
9. वैधानिक स्तर पर कानूनी ढाँचे में बदलाव अब और अधिक स्थगित नहीं किया जा सकता।

भारत की लोकतांत्रिक व्यवस्था के परिदृश्य में, बहुत से राजनीतिक दलों से मिल कर बनी सरकार की बड़ी भूमिका है। इसके कारण संसदीय कार्यक्षमता उसी अनुपात में घटती जाती है। संसदीय सत्ता की संप्रभुता बनाए रखने के लिये यह ज़रूरी है कि उसके कामकाज में, उसकी जवाबदेही में और निरीक्षण क्षमता में श्रेष्ठता प्रदर्शित हो। इसलिए ऐसे सुधार बहुत ज़रूरी हैं जो संसदीय व्यवस्था को अधिक सुचारु और संतुलित बनाएँ ताकि वह संवैधानिक अपेक्षाओं पर खरी उतर सके। सबसे बड़ी बात, संसदीय कामकाज की यथास्थिति इस बात की ओर इशारा कर रही है कि हमारी भीतरी सुरक्षा विश्वव्यापी आतंकवाद और घरेलू अराजकता को रोक पाने में समर्थ नहीं है, उसमें तत्काल सुधार किया जाना चाहिए।

तेज़ी से होते विकास के साथ-साथ आर्थिक विषमता की स्थिति भी गंभीर होती जा रही है। शासन में मंत्रियों की भूमिका बढ़ गयी है जिसके कारण मंत्रियों के कामकाज की जवाबदेही भी बहुत ज़रूरी हो गयी है। इस बात का ध्यान रखना होगा कि वह अपनी व्यावसायिक और अन्य वैधानिक शक्तियों के इस्तेमाल के दौरान कोई नियमविरुद्ध काम या जनता के धन का दुरुपयोग न करें। शासन प्रणाली का पुनर्नियोजन होना चाहिए जिससे कि उच्च राजनीतिक पदों के वितरण और मांग के बीच कोई बेमेल न हो; क्योंकि ऐसे पदों के बेमेल होने के कारण इनका 'दुर्लभता मूल्य' बढ़ जाता है।

आर्थिक-सामाजिक लक्ष्यों की योजना बनाने और उसे लागू करने के काम में सांसदों की भूमिका को और अधिक सक्रिय बनाने से संसदीय नेतृत्व का आधार व्यापक होगा। इससे उन तत्त्वों का अनधिकृत प्रभाव भी कम होगा जो एकाधिकार बनाते हुए अपनी स्थिति का लाभ उठाते हैं। इस से सकारात्मक नेतृत्व की प्रवृत्ति भी बढ़ेगी और ऐसे लोगों के संसद में प्रवेश पर रोक लगेगी जिनका आपराधिक रिकार्ड है और जो कानून की अवहेलना के अभ्यस्त हैं। सांसदों को विभिन्न ऐसे संस्थानों के बीच समन्वय स्थापित करने का दायित्व दिया जा सकता है, जो संयुक्त रूप से आर्थिक-सामाजिक

योजनाओं पर काम कर रहे हैं। सांसद इस स्थिति पर अपना विवेक रख सकते हैं कि विभिन्न संस्थानों और सरकार के नज़रिये में समरूपता रहे, और किसी मतान्तर को उनके ही स्तर पर सुलझाया जा सके, न कि इसके लिये किसी उच्चतर स्तर पर जाना पड़े। इससे मंत्रिमंडल की समितियां तथा मंत्रियों का समूह दूसरे ऐसे महत्त्वपूर्ण मुद्दों पर विचार कर सकता है जिनका समाधान विशेषाधिकार प्राप्त सांसदों से भी नहीं निकल पाया है। जब ऐसी स्थिति हो कि बार-बार राष्ट्रीय, राज्य स्तरीय और संस्था चुनाव हो रहे हों और सत्ता में सरकार थोड़े समय के लिए बनी रह पाती है तब सांसदों की परिष्कृत भूमिका प्रशासनिक तंत्र के प्रभावी परिचालन में एक महत्त्वपूर्ण भूमिका निभा सकती है और देश को बार-बार शासन-प्रणाली के अभाव से पैदा होने वाले संकट से बचा सकें।

एक सुदृढ़, सुरक्षित राष्ट्र जिस पर कोई कभी सीमा पार से अतिक्रमण और आक्रमण न कर सके, एक समृद्ध खुशहाल, संगठित और प्रबुद्ध राष्ट्र जिसमें सभी लोग सद्भावनापूर्वक रहते हों, मैं इन सब गुणों और विशेषताओं की वर्ष 2020 तक भारत में कल्पना कर सकता हूँ बशर्ते कि संसद आज यह दृढ़ निश्चय कर ले कि उसे संकल्प भारत-2020 का पूरी तरह से कार्यान्वयन करना है जिससे कि हमारा देश सशक्त और शक्तिशाली बन सके।

भारत-2020 की संकल्पना को सच करने की राह पर चलते हुए शासन और वैधानिक क्षेत्रों में नवनिर्माण के कई अवसर भी उजागर होंगे। जब हम इक्कीसवीं सदी के संदर्भ में अपनी शासन प्रणाली और वैधानिक प्रक्रियाओं को तैयार करेंगे उस संदर्भ में राष्ट्रीय और वैश्विक जुड़ाव और अन्तरराष्ट्रीय सहयोग और स्पर्धा को वो भी हमें साथ रखकर चलना होगा।

संसद सदस्य इन सुझावों को, एकता और समन्वयपूर्ण नेतृत्व की संकल्पना के रूप में, ठीक उसी तरह विचार-विमर्श के लिये स्वीकार कर सकते हैं, जैसे हमारे संविधान का पहला प्रारूप विचारार्थ लिया गया था। इक्कीसवीं सदी की संसदीय व्यवस्था 'पार्लियामेंटरी विज़न फॉर इंडिया' की संकल्पना वैश्विक और दीर्घकालिक सोच की मांग करती है। इसके साथ उन रणनीतियों का संलग्न होना ज़रूरी है जिनके अभ्यास के ज़रिये वह सुगठित कार्य योजनाएं बनाई जा सकती हैं, जो भारत को 2020 तक विकसित राष्ट्र होने के राष्ट्रीय सूचकांक, ऊर्जा आत्मनिर्भरता, तक वर्ष 2030 से पहले पहुंचा दे।

यह वह अनोखी संसदीय संकल्पना है जिसके लागू किये जाने के बाद हमारे देश के एक अरब नागरिकों के होंठों पर मुस्कान आ जाएगी। हमारे सांसदों के लिये इस समय सबसे ज़्यादा ज़रूरी यह है कि राष्ट्रीय अभियान की दिशा में एकता और समन्वय भाव से काम करें। आप मुझ से सहमत होंगे कि हमारे सांसदों के सामने यह सबसे बड़ा लक्ष्य है।

भ्रष्टाचार और शासन की दिशा में राष्ट्रीय जागरण का सीधा-सीधा अर्थ इस बात पर ज़ोर देना है कि हमारे सांसद स्थिति की तात्कालिकता को देखते हुए गहरी समझ से काम लें।

और अंत में

नाभिकीय हथियारों के विकास के क्षेत्र में काम करते समय मेरे मन में हमेशा यह द्वन्द्व रहता था कि मैं मानवता, दार्शनिकता और मानवीय हितों के खिलाफ काम कर रहा हूँ। इस दुविधा में मैं तब तक रहा जब तक मेरी भेंट आचार्य महाप्रज्ञ से नहीं हुई थी। आचार्य महाप्रज्ञ ज्ञान के उद्गम स्रोत थे और उनके संपर्क में आने पर प्रत्येक आत्मा का शुद्धिकरण हो जाता था। वह अक्टूबर 1999 में आधी रात का समय था और आचार्य जी ने देश और देशवासियों के कल्याण के लिये अपने मठवासियों के साथ तीन बार प्रार्थना की थी। अपनी प्रार्थना के बाद उन्होंने मुझसे जो शब्द कहे, वह मेरे मष्तिष्क में अभी भी गूंज रहे हैं। उन्होंने कहा, 'कलाम, तुमने अपनी टीम के साथ मिल कर जो किया, ईश्वर तुम्हें उसके लिये शुभाशीष दे। लेकिन सर्वशक्तिमान प्रभु के पास तुम्हारे लिये उससे बड़ा लक्ष्य है, इसीलिए तुम आज मेरे पास आ पहुंचे हो। मुझे पता है कि आज हमारा देश नाभिकीय शक्ति संपन्न देश है। लेकिन तुम्हारा लक्ष्य उससे कहीं अधिक बड़ा है जो तुमने और तुम्हारी टीम ने पूरा किया है। बल्कि, सच पूछा जाए तो यह वो लक्ष्य है जिसे किसी मनुष्य ने अब तक पूरा नहीं किया है। दुनिया में नाभिकीय शस्त्र तो बहुतायत में बन रहे हैं। मैं तुम्हें, और केवल तुम्हें, अपनी सारी दैविक शक्तियों से संपन्न करूँगा कि तुम ऐसी शान्ति का प्रभामंडल रचोगे, जिसके आगे सारे नाभिकीय शस्त्र, अप्रभावी, अप्रासंगिक और राजनीतिक रूप से निष्फल हो जाएंगे।'

जैसे ही आचार्य जी ने अपना सन्देश संपन्न किया, पूरे हॉल में सन्नाटा छा गया। मुझे ऐसा लगा कि पूरी सृष्टि इस संत वाणी से संघनित हो गयी है। जीवन में पहली बार मैं इस तरह कांप गया। तब से आचार्य जी का

यह सन्देश मेरे लिये पथ का प्रकाश बन गया है। इसे सत्य सिद्ध करने की चुनौती मेरे लिये जीवन का नया अर्थ बन गयी है।

~

अध्याय एक में मैंने एक लड़की का ज़िक्र किया था जिसने मुझे मदद के लिए एक पत्र लिखा था। उस पत्र के संदर्भ में हमने जो कार्यवाही की उसका एक सुखद परिणाम निकला। जिस व्यक्ति को मदद के लिए कहा गया था वह एक बैंकर था। उसने लड़की के परिवार से सम्पर्क किया और उनकी आर्थिक विपदाओं से उबरने में मदद की। उस लड़की की शादी भी हो गई और वह अब आनन्दपूर्वक अपना जीवन जी रही है। हमें इस बात की खुशी है कि हमारे ज़रिये कम-से-कम, उसका एक सपना तो पूरा हुआ।

परिशिष्ट - I

साक्षात्कार

वर्ष 2006 में बहुत-से राज्यों का दौरा करते हुए मैं मिज़ोरम गया था और उस अवसर पर एन.ई.टी.वी के मनोरंजन सिंह ने मेरा इंटरव्यू लिया था, जिसे मैं साझा कर रहा हूँ क्योंकि यह बातचीत बहुत-से मुद्दों, सरोकारों और गतिविधियों पर प्रकाश डालती है।

1. क्या आप खुद भी इस बात पर नज़र रखते हैं कि राज्य सरकार आपके बताए विकास कार्यक्रमों के अनुसार काम कर रही है या नहीं? क्या इस पर निगरानी रखने का कोई प्रभावी तंत्र है?

मैंने विभिन्न राज्यों की अपनी यात्रा के अनुभव, वहां से मिली जानकारी, योजना आयोग से मिली जानकारी, केन्द्रीय मंत्रियों से हुई बातचीत और अपने विवेक के आधार पर एक मार्गदर्शक प्रस्ताव बनाया है और जो उनको दे दिया गया है। मेरी टीम ने रातों को जाग कर अपने प्रस्तुतियाँ (प्रेज़ेंटेशंस) तैयार की है। मैंने इस बात पर ज़ोर दिया कि राज्य की स्थिति का महत्त्व राजनीतिक पार्टी से कहीं ज़्यादा है। मैंने इसकी भी व्यवस्था की कि मेरी टीम सभी शामिल लोगों से विकास अभियान के बारे में खुल कर बेझिझक बात कर सके। मेरी प्रस्तुति के बाद कई राज्यों के विधायकों ने मेरे सुझावों को लागू करने की योजना पर पूरे सत्र आयोजित किये। इसके अलावा, जब भी मैंने किसी राज्य का दौरा किया, उसी क्रम में मैंने विश्वविद्यालयों, चैंबर ऑफ कॉमर्स, दूसरी व्यावसायिक तथा सेवा संस्थाओं से भी अपने लक्ष्य के बारे में बात की और उनके सूत्र राज्य के विकास कार्यक्रमों से जोड़े। उदाहरण के लिए कर्नाटक, मध्यप्रदेश और बिहार राज्यों ने सभी लक्ष्य अभियानों में अच्छी प्रगति की है और वे इनको क्रियान्वित करने में लगे हुए हैं। केरल में मीडिया ने भी

सक्रिय भूमिका निभाते हुए सरकार, बुद्धिजीवियों और हितधारकों के बीच विचार-विमर्श करवाने में भूमिका अदा की। मीडिया ने लक्ष्य को लागू करने का एक निश्चित कार्यक्रम बनाया और इस तरह मीडिया राज्य के साथ इस अभियान में भागीदार बन गया। उत्तर-पूर्व राज्यों में मैंने सिक्किम, मिज़ोरम, अरुणाचल प्रदेश और मेघालय के लिये लक्ष्य कार्यक्रम तैयार किये। इन राज्यों को विशेष रूप से, जल विद्युत् संचयन और नदियों को जोड़ने वाले कार्यक्रमों पर खास ध्यान देना होगा, ताकि बांस के फलने के मौसम में खेती पर बुरा असर न पड़े।

2. आपके मार्गदर्शक प्रस्ताव क्या नियमित पंचवर्षीय योजना के वार्षिक कार्यक्रम से अलग हैं? क्या इन दोनों के बीच टकराव है?

जब हम यह मार्गदर्शक प्रस्ताव बना रहे थे, हमने सभी मंत्रालयों और योजना आयोग से विवरण मंगाए थे। हमने योजना आयोग द्वारा आठ सूचकांकों के आधार पर बनाए गये विकास संकेतक सामने रखे थे। हमारा उद्देश्य था कि हम विकास के सभी मानकों में सुधार कर के उन्हें सुगठित करें और सभी विकास संबंधी गतिविधियों को तेज़ी से फलदायी बनने के लिये तैयार करें। हमारी कोशिश थी हमारे द्वारा प्रस्तावित अभियान, राज्यों की मूल क्षमता को ध्यान में रखते हुए, राज्यों की योजना तथा योजना आयोग द्वारा तैयार की गयी पंचवर्षीय योजना के पूरक अवयव की तरह काम करे। हमारी कार्यवाही एक दूरदर्शितापूर्ण कदम है, जो राज्यों को वर्ष 2015 तक विकसित बना देना चाहता है, तभी तो वर्ष 2020 तक भारत एक विकसित देश बन पाएगा।

3. अपने बौद्धिक विस्तार और विज्ञान तथा टेक्नोलॉजी के क्षेत्र में विषद अनुभव के ज़रिये आपने इन मार्गदर्शिकाओं को बनाने का बड़ा काम किया। क्या यह दृष्टांत आपके जाने के बाद उस पद पर आने वालों के सामने एक चुनौती नहीं बनेगा?

मेरा विश्वास है कि यदि कोई काम करने का अच्छा तन्त्र हो तो वह अवश्य ही चलता रहेगा चाहे उस तन्त्र पर कोई भी व्यक्ति नियुक्त हो। इन चार सालों में मैंने पाया है कि देश आर्थिक विकास के सन्दर्भ में जागरूक हुआ है। इस दिशा में सफलता के परिणाम भी देखे गये हैं। यह भी एक कारण

है कि कई राज्यों की विधानसभाओं ने मुझे एक अवसर दिया है कि मैं विकास के मुद्दे पर उनके साथ विचार-विमर्श कर सकूँ। जब कुछ ही राज्य विधान सभाओं के साथ मैंने यह काम किया, तो और राज्य विधायकों ने भी मुझे आमंत्रित किया कि मैं उनके बीच पहुँच कर उन्हें संबोधित करूं। इससे यह स्पष्ट होता है कि भारतीय जनता और भारतीय राजनीतिक कार्यदृष्टि, राष्ट्रीय विकास के हित में, अभियान केंद्रित अवधारणा को स्वीकार कर रही है। इसके लिये मार्गदर्शिका और कार्यकारी योजना का होना बहुत ज़रूरी है, जिसे कार्य की प्रगति के दौरान बीच-बीच में परखते रहा जाए।

मैं समझता हूँ कि राष्ट्रपति कार्यालय में कार्यकुशल लोगों की टीम होनी चाहिए, जो ऐसे दस्तावेज़ बना सकें जैसे विधानसभाओं में तैयार करके प्रस्तुत किये गए हैं। आपने ठीक ही कहा, राष्ट्रपति कार्यालय के लिये यह एक बिलकुल नई शुरुआत है, जिसका राष्ट्र के विकास अभियान में महत्त्वपूर्ण योगदान होगा। साथ ही, इससे, राष्ट्रपति को अपने नागरिकों की ज़रूरतों का निरंतर पता भी चलता रहेगा।

4. हालांकि संविधान में राष्ट्रपति और सरकार के अधिकार और ज़िम्मेदारियां स्पष्ट रूप से बताई गयी हैं, फिर भी इन चार वर्षों के समय में आपको कोई दोहराव, टकराव या कोई ऐसी स्थिति नज़र आई जहाँ राष्ट्रपति और प्रधानमंत्री के अंतर्संबंध स्पष्ट नहीं हैं?

हमारा तंत्र बहुत अच्छा और लचीला है। इसमें साथ-साथ काम करने के बहुत अधिक अवसर हैं। जब ज़िम्मेदारी को इस मान्यता के साथ उठाया जाता है कि राष्ट्र किसी भी व्यक्ति से बड़ा है, तो फिर संबंधों के बीच कोई अंतर्विरोध नहीं रहता। हाल में हुए राज्यपालों के दो सम्मेलनों से यह स्पष्ट हुआ कि राष्ट्रपति और प्रधानमंत्री के बीच कार्यों का पूर्ण समन्वय रहता है।

5. लाभ के पद संबंधी कानून का मामला एक ऐसा प्रसंग है जिसमें मतभेद का प्रसंग जनता तक पहुंचा। तब आपने क्या किया जब आपके द्वारा इस पर आपत्ति लगा देने के बाद वह बिल फिर वापस आपके पास भेजा गया और आपने, अपना मत अलग होते हुए भी उसको स्वीकृति दे दी?

लाभ के पद के संबंध में मुद्दे बेहद साफ़ हैं। मैंने जो निर्णय लिया, वह संविधान

के लिखित और वांछित मंतव्य के अक्षरशः अनुकूल था। आपने देखा होगा कि उसके बाद, संसद के दोनों सदनों ने जे.पी.सी. (ज्वाइंट पार्लियामेंट्री कमेटी) बना कर इस निर्णय का पक्ष लिया। जनता और राजनीतिक दलों ने भी इस निर्णय को उचित माना। मैंने भी उस बिल पर अपनी स्वीकृति के हस्ताक्षर, जे. पी.सी. बनने और लाभ के पद कौन से हैं, इसकी कसौटी तय हो जाने के बाद ही किये।

6. अपने प्रिय क्षेत्र विज्ञान और टेक्नोलॉजी में, और युवाओं की रुचि विज्ञान की दिशा में जगाने के आपके काम अद्‌भुत रहे हैं। आपके विचार से अब सरकार को कौन से नये कदम उठाने चाहिए?

(i) बच्चों में रचनात्मकता के विकास के लिये प्राथमिक और माध्यमिक स्तर की शिक्षा के स्वरूप में आमूल बदलाव लाना होगा। हालांकि, 'शिक्षा के अधिकार' का संसद में पारित बिल अभी राज्य की विधायिका में विचाराधीन था। 'शिक्षा के अधिकार' का बिल, छह से चौदह वर्ष की उम्र तक के बच्चों के लिये अनिवार्य और मुफ्त शिक्षा का प्रावधान रखता है।

(ii) प्राथमिक शिक्षा के स्वरूप में बड़े बदलाव लाने की ज़रूरत है। प्राथमिक शिक्षा के विशेषज्ञों के दल को, रचनात्मक पाठ्यक्रम, रचनात्मक कक्षा स्थल और रचनाशील अध्यापकों का प्रावधान करना होगा।

(iii) विज्ञान और टेक्नोलॉजी शिक्षण को भारत-2020 की दिशा में आयोजित करना होगा।

(iv) विश्वविद्यालयों के पाठ्यक्रमों में शोध, जिज्ञासा, रचनात्मकता, अनुसंधान और उच्च स्तरीय टेक्नोलॉजी, उद्यमशीलता और नैतिक अगुवाई का समावेश होना चाहिए ताकि युवा भारत-2020 अभियान में योगदान देने के लिये सक्षम हो सकें।

(v) ऐसे विशेष संस्थान उपलब्ध होने चाहिए जहाँ प्रतिवर्ष, एक हज़ार युवा विद्यार्थी विशुद्ध रूप से, वैज्ञानिक शोध को अपना पूर्णकालिक व्यवसाय बना सकें। इसके लिये विज्ञान केंद्रित रोज़गार के अवसर निर्मित करने होंगे।

7. उदाहरण देखें कि चिकित्सा विज्ञान, इंजीनियरिंग तथा प्रबंधन के प्रशिक्षण संस्थानों में आवेदकों की भीड़ लगी रहती है, जबकि शुद्ध विज्ञान के पाठ्यक्रमों में पूरी सीटें भी नहीं भर पातीं। क्या इसके लिये कोई नीतिगत बदलाव होना चाहिए जिससे लोगों में शुद्ध वैज्ञानिक विषयों और शोध के प्रति रुचि विकसित हो?

यह तो आपको मालूम ही होगा कि सरकार ने दो राज्यों में इंस्टीट्यूट ऑफ साइंस एंड एजुकेशन खोले हैं। हमें धीरे-धीरे वैश्विक मानव संसाधन वर्ग विकसित करना है, जो युवाओं को विज्ञान, टेक्नोलॉजी, शोध या ऐसे कलात्मक हुनर में पारंगत बनाए, जिसके आधार पर रोज़गार मिल सके और जिससे देश अंतरराष्ट्रीय स्तर की प्रतिस्पर्धा में ठहर सके। मुझे लगता है कि वर्ष 2050 तक, अब के दस प्रतिशत के मुकाबले, तीस प्रतिशत युवा उच्च शिक्षा प्राप्त कर सकेंगे और शेष सत्तर प्रतिशत कोई उच्च स्तर का हुनर सीख कर उद्योग, सेवा या कृषि क्षेत्र में अपना समुचित निर्वाह पा सकेंगे।

8. सरकार द्वारा बहुत ज़ोर-शोर से यह निर्णय घोषित हुआ कि वह विश्वस्तरीय शोध और विकास, और शिक्षण के हित में इण्डियन इंस्टीट्यूट ऑफ साइंसेज (आई.आई.एससी.) तथा अन्य संस्थानों में सौ करोड़ रुपये की राशि निवेश कर रही है। इस राशि को बहुत से वैज्ञानिक, निर्धारित लक्ष्य के मुकाबले बहुत कम आंक रहे हैं। एम.आई.टी. तथा स्टैनफोर्ड जैसे संस्थानों को इस से कई गुना ज़्यादा संसाधन मिल रहे हैं। आई.आई.एससी. का कहना है कि उसे पर्याप्त संख्या में शोध छात्र नहीं मिल रहे हैं।

सरकार की ओर से यह एक शुरुआत-भर है। और भी योजनाएं हैं जो दूसरे विश्वविद्यालयों से संबंधित हैं। इसके अलावा, बुनियादी ढांचा खड़ा करने के लिये वित्तीय व्यवस्था के बहुत-से स्रोत हैं। अपने सुझावों के ज़रिये मैंने एक साइंस कैडर तैयार किया है। मुझे विश्वास है कि बहुत-से युवा उसके माध्यम से भी बुनियादी शोध करना पसंद करेंगे।

9. इस बात के दावे किए जाते हैं कि अपनी वैज्ञानिक प्रयोगशालाओं में भारत ने नैनो टेक्नोलॉजी, बायोटेक्नोलॉजी, कारबन यौगिकी तथा धातुविज्ञान आदि क्षेत्रों में बहुत-से विश्वस्तरीय शोध कर लिये हैं, लेकिन गत साठ वर्षों में हमें

अपने देश में किये गये काम के लिये कोई भी नोबेल पुरस्कार नहीं मिला। प्रश्न यह है कि क्या हम सचमुच विश्वस्तरीय शोध कर रहे हैं, या फिर किन्हीं अन्य कारणों से भारतीय काम को सराहा नहीं जाता है। आपके क्या विचार हैं?

अधिकाँश नोबेल पुरस्कार मूल सैद्धांतिक शोध कार्य के लिये दिए जाते हैं। हमारे यहाँ बुनियादी शोध के लिये आबंटित राशि विविध क्षेत्रों में बांटी जाती है। हमें अपने युवाओं की प्रतिभा को निर्बाध करना होगा ताकि वह बहुत विशिष्ट, चुने हुए वैज्ञानिक विषयों पर गहरे उतर कर शोध करें, न कि, बहुत लंबे-चौड़े बहुआयामी क्षेत्रों में अपनी एकाग्रता को बिखराएँ। मैं राय दूंगा कि शोध के लिये, एक लक्ष्य एकाग्र दृष्टि नैनो टेक्नोलॉजी, बायोटेक्नोलॉजी तथा सूचना-संचार टेक्नोलॉजी पर रखी जाए। विश्वविद्यालयों और उच्च तकनीकी संस्थानों को अपने विशिष्ट क्षेत्र में बुनियादी दक्षता और वित्तीय क्षमता जुटानी होगी। चूंकि अधिकाँश शोधार्थी और प्रोफ़ेसर लोग यूनिवर्सिटी जैसे परिवेश में प्रशिक्षित होंगे, जिससे बहुत-से छात्र इसकी ओर आकर्षित होंगे। इससे नवोन्मेषी शोध परिणाम निकलेंगे और हमारी स्वदेशी टेक्नोलॉजी खुद को स्थापित कर पाएगी। कुछ शोध पुरस्कार पाने लायक होगा। यहाँ मैं एक अनुभव आपसे साझा करना चाहता हूँ कि वैज्ञानिक उदारता शोध के परिवेश के लिये कैसे महत्त्वपूर्ण है।

वैज्ञानिक उदारता : 15 मार्च, 2005 को नोबेल पुरस्कार विजेता कृषि वैज्ञानिक और भारत की पहली हरित क्रान्ति में भारत के सहयोगी, प्रोफ़ेसर नोर्मन ई-बोर्लौग विज्ञान भवन नई दिल्ली में एम. एस. स्वामीनाथन पुरस्कार प्राप्त कर रहे थे। इक्यानवे वर्षीय प्रोफ़ेसर बोर्लौग पर चारों तरफ से प्रशंसा के फूल बरस रहे थे। जब उनके बोलने का अवसर आया, वह खड़े हुए और उन्होंने कृषि विज्ञान और अनुसंधान के क्षेत्र में भारतीय वैज्ञानिकों की उपलब्धियां बतानी शुरू कर दीं। उन्होंने कहा कि भारत में पहली हरित क्रान्ति के कर्णधार सी. सुब्रामनियम तथा डॉ. एम. एस. स्वामीनाथन हैं जिनकी राजनीतिक संकल्पना से यह संभव हुआ। उन्होंने गर्वोन्नत हो कर डॉ. वर्गीस कुरियन को याद करते हुए कहा कि उन्होंने भारत को श्वेत क्रान्ति का फल प्रदान किया। उन्होंने दर्शकों में तीसरी, पांचवीं और आठवीं पंक्ति में बैठे वैज्ञानिकों की ओर नज़र दौड़ाई और गेहूं विशेषज्ञ डॉ. राजा राम, मक्का विशेषज्ञ डॉ. एस. के. वसल और बीज विशेषज्ञ डॉ. बी. आर. बारवाले

को पहचाना। उन्होंने कहा कि इन वैज्ञानिकों ने भारत और एशिया के कृषिविज्ञान के क्षेत्र में महत्त्वपूर्ण योगदान दिया है। उन्होंने दर्शकों से कहा कि इन सब को खड़े हो कर सम्मानित किया जाना चाहिए, और ऐसा किया गया। मैंने इस देश में ऐसा दृश्य कभी नहीं देखा था। मैं डॉ. बोर्लौग के इस कार्य को वैज्ञानिक उदारता कहता हूँ। दोस्तो, अगर आप जीवन में कोई भी बड़ी उपलब्धि हासिल करना चाहते हैं, तो आपको अपने में वैज्ञानिक उदारता पैदा करनी होगी। इस वैज्ञानिक उदारता से विज्ञान समुदाय प्रेरित होगा, उससे टीम भावना का विस्तार होगा और शोध के क्षेत्र में नये आविष्कार, अनुसंधान सामने आयेंगे।

10. आपके विचार से क्या राष्ट्रपति की विभिन्न मित्र देशों की यात्राएं कोई ठोस सार्थकता सिद्ध करती हैं, या यह केवल सीमित मूल्यों के आयोजन भर हैं?
इन में से किसी भी यात्रा से क्या हासिल हुआ, यह इस बात पर निर्भर करता है कि भारत क्या पाना चाहता है। मैंने चौदह देशों की यात्रा की है और वहां के राष्ट्रीय सांसदों, विधायकों से मेरी बातचीत हुई है। मेरी यात्रा से भारत और उन देशों के बीच बेहतर समझ विकसित हुई है। इससे, दोनों देशों के बीच संवाद और सहयोग के नये रास्ते खुले हैं।

उदाहरण के लिये, मैंने दक्षिण अफ्रीका की पैन-अफ्रीकन संसद को संबोधित किया। वहां मैंने प्रस्ताव रखा कि हम उनके लिये पैन-अफ्रीकन ई-नेटवर्क, पांच करोड़ अमरीकी डॉलर की प्रारंभिक लागत पर स्थापित कर सकते हैं। आप को जान कर खुशी होगी कि यह काम शुरू हो चुका है और आगे बढ़ रहा है। इस से भारतीय टीम और अफ्रीकी संघ के बीच गहरा तकनीकी सहयोगी भाव विकसित हुआ है। मैं इसे एक बड़ी उपलब्धि मानता हूँ।

जब मैं सूडान गया, उस समय, ओ.एन.जी.सी. का पाईप लाइन बिछाने का प्रोजेक्ट हाथ से निकल जाने वाला था। आज वह ओ.एन.जी.सी.-विदेश द्वारा पूरा कर लिया गया है और इसका लाभ दोनों देश उठा रहे हैं।

फिलीपींस ने जट्रोफा पेड़ लगाने का निर्णय हमारे उदाहरण से लिया। उन्होंने इस योजना को लागू करने के लिये भारत के विशेषज्ञों को आमंत्रित किया। इसके अलावा, भारत और फिलीपींस के औषधि उद्योगों के बीच एक

सहयोगी संबंध विकसित हुआ और अब दोनों को एक-दूसरे की तैयार की हुई औषधियां किफायती मूल्य पर मिल रही हैं। नैसकॉम (NASSCOM) ने फिलीपींस के साथ काम करते हुए आई.टी. (IT) आई.टी.ई.एस. (I.T.E.S.) और बीपीओ (BPO) सेवाएं स्थापित की हैं।

अपनी साख स्थापित करने के हित में हमने स्वीकार कर लिया है कि हम तंज़ानिया के कुछ बच्चों के हृदय रोग का इलाज करेंगे। मुझे यह बताते हुए खुशी हो रही है कि वे सारे बच्चे भारत लाये गये, उनका सफल इलाज हुआ और वे वापस तंज़ानिया लौट गये। साथ ही तंज़ानिया के बहुत-से डॉक्टर भारत आये और वह हृदय रोग की चिकित्सा के लिये प्रशिक्षित हुए।

अपनी सिंगापुर और दक्षिण कोरिया की यात्रा के दौरान मैंने प्रस्ताव रखा कि सहयोगी देशों के बीच 'वैश्विक ज्ञान मंच' बनाया जाए। इस कार्यक्रम ने बारीक दक्षता के हुनर वाले उत्पादों के संबंध में, बारह सहभागी देशों की क्षमता की सहायता से, डिज़ाइन और उत्पादन की प्रक्रिया विकसित की। इस जानकारी को अंतरराष्ट्रीय बाज़ार में उतारा। अब दूसरे देश भी 'वैश्विक ज्ञान मंच' को अपनाने की तैयारी में हैं।

11. अब, जब आप अपने कार्यकाल का बड़ा समय पूरा कर चुके हैं, क्या आप अपने उन कार्यक्रमों, जैसे पी.यू.आर.ए. की सूची देंगे, जिन से आपको संतोष मिला है?

मैं कुछ ऐसे कार्यक्रमों का ज़िक्र करना चाहूँगा, जिनसे मुझे संतोष मिला है।

ग्रामीण विकास : ग्राम विकास मंत्रालय ने राष्ट्रीय स्तर पर 33 पी.यू.आर.ए. समूहों को स्थापित करने का निर्णय लिया है। कुछ निजी शिक्षा संस्थाएं और सामाजिक संगठन भी गाँवों के समूह को विकास का लाभ पहुंचाने के लिये पी.यू.आर.ए. को अपना रहे हैं।

ऊर्जा : एक ऊर्जा नीति की घोषणा हुई है और पांच राज्यों ने बायो-डीज़ल बनाने के लिये, जट्रोफा पेड़ लगाने शुरू कर दिए हैं।

ज्ञान केन्द्र : नेशनल नॉलेज कमीशन (एन.के.सी.) एक राष्ट्रव्यापी ज्ञान केंद्र स्थापित करने की योजना बना रहा है। यह केन्द्र पांच हज़ार शिक्षा संस्थाओं, विश्वविद्यालयों, तथा कॉलेजों को नेटवर्क से जोड़ेगा और सौ मेगा बाईट प्रति सेकेण्ड की गति से संचारित होगा।

'वर्चुअल' विश्वविद्यालय : एक सौ पचास साल पुराने तीन विश्वविद्यालयों ने वर्चुअल विश्वविद्यालय शुरू किये हैं। वर्चुअल कक्षाओं के माध्यम से मैंने बीस हज़ार विद्यार्थियों को संबोधित किया है।
ग्राम ज्ञान केन्द्र : सूचना एवं संचार मंत्रालय (एम.सी.आई.टी.) ने एक लाख, सामान्य जानकारी उपलब्ध कराने वाले केन्द्र स्थापित किये हैं, जो गाँवों के लोगों को महत्त्वपूर्ण सेवाएँ प्रदान कर रहे हैं।
ई-शासन प्रणाली : राष्ट्रीय स्तर पर पहचान पत्र (ID) की स्थापना करना और G2G जैसी सेवाओं के लिए एक ई-शासन ग्रिड की स्थापना—ये सब कार्य प्रगति पर हैं।

12. क्या आप अपना कार्यकाल पूरा करने के बाद, अपनी असीम प्रतिभा, ऊर्जा और प्रतिबद्धता का कोई उपयोग जैसे अपने पी-एचडी. शोधार्थियों के दिशा-निर्देश करने में, करना चाहेंगे? या आप अन्ना यूनिवर्सिटी में वापस लौटेंगे?
2020 तक, मैं विकसित भारत की संकल्पना के काम को जारी रखूँगा। मैं शोध और अध्यापन का काम भी करता रहूँगा और विद्यार्थियों से संवाद भी जारी रहेगा।

मेरी यह भी इच्छा है कि पूर्वोत्तर क्षेत्रों को भी हर साल कुछ समय दे सकूँ। इस में मेरा ध्यान ऐसे समयबद्ध कार्यक्रम विकसित करने पर होगा, जिनके ज़रिये लोगों के जीवन स्तर में पर्याप्त सुधार आ सके और उस क्षेत्र के युवाओं को बेहतर रोज़गार के अवसर मिल सकें।

13. क्या आप अपने सर्वोच्च पद पर रहने के दौरान किसी ऐसे प्रसंग का ज़िक्र करना चाहेंगे, जहाँ शक्ति-संपन्न होने के बावजूद आपको निराशा का सामना करना पड़ा हो?
मैं अपने देश के भविष्य के प्रति बहुत आशावान हूँ। केवल विकास की गति पर मेरी नज़र है। अगर सभी वे लोग जिनके संसाधन दांव पर लगे हैं, एकजुट ढंग से देश के युवाओं को सशक्त करने में लग जाएँ, तो हम बहुत तेज़ी से भारत-2020 का लक्ष्य पा सकते हैं। हम में से हर एक को इस भावना के साथ काम करना चाहिए कि देश का हित, व्यक्ति के हित से बड़ा है। मुझे देश के 54 करोड़ युवाओं पर बहुत भरोसा है।

14. आपने पूर्वोत्तर राज्यों का दौरा किया है और उन्हें उनके विकास के लिये मार्गदर्शिका दी है। लेकिन क्या आपको नहीं लगता कि जहाँ विद्रोह का वातावरण पूरी तरह से हावी हो, वहां यह कार्य योजना काफी नहीं है? विद्रोहियों द्वारा निवेश को बाधा पहुंचायी जा रही है, और इसके कारण युवाओं में असंतोष बढ़ रहा है। इस वजह से विकास कार्य ठहर गये हैं। इस स्थिति में पूर्वोत्तर राज्यों के पीड़ित लोगों के लिये कोई उम्मीद बाकी है?

पूर्वोत्तर राज्यों की ओर से हमारे सामने बहुत-से अवसर और चुनौतियाँ हैं। मुझे यह भी लगता है कि लोगों को यह समझ में आने लगा है कि विद्रोह की धारा युवाओं के भविष्य का अहित कर रही है। अगर राज्यों में इस विद्रोह के खिलाफ एक आक्रामक आवेग से विकास की लहर उठ खड़ी हो, तो लोग विकास के पक्ष में कोई भी त्याग करने के लिये तैयार हो जाएंगे और चुनौती का सामना करेंगे। इस तरह, केन्द्र और राज्य सरकारों के लिए मेरा सन्देश है कि वह युवाओं को सशक्त करते हुए, विकास की आवेगपूर्ण योजनाएं लागू करें। हमें दक्षता, ज्ञान और उद्यमशीलता का विस्तार करते हुए, रोज़गार के अवसरों की समुचित व्यवस्था करनी चाहिए, भले ही विद्रोह और अतिवादियों द्वारा हिंसा का माहौल हो।

15. पूर्वी और पूर्वोत्तर राज्यों के बीच रेल और सड़क मार्ग स्थापित करने, संचार व्यवस्था जारी करने और व्यावसायिक संबंध शुरू करने के विषय में आपके क्या विचार हैं? क्या इससे आर्थिक विस्तार में सहायता मिलेगी और रोज़गार के बेहतर अवसर पैदा होंगे?

विकास के लिये वह बहुत ज़रूरी है। राजनीतिक व्यवस्था को संचार व्यवस्था, सड़क-रेल मार्ग, व्यापार-विनिमय को यथाशीघ्र बहाल करना चाहिए। मैंने राज्य तथा केन्द्र सरकारों के अधिकारियों से सीमा पार के संबंध को लेकर बात की है। मैंने बताया है कि इस से हम युवाओं को रोज़गार के बेहतर अवसर दे सकते हैं।

16. क्या राष्ट्रपति भवन पारंपरिक ऊर्जा से गैर पारंपरिक ऊर्जा की ओर पहल दिखा कर एक उदाहरण प्रस्तुत करेगा? पता चला है कि आप इस दिशा में योजना बना रहे हैं।

अभी फिलहाल, हमारा देश केवल कुछ किलोवाट सौर ऊर्जा पर प्रयोग कर सका है। राष्ट्रपति भवन में हम पांच मेगावाट का सौर उर्जा संयंत्र लगाने की योजना बना रहे हैं। विद्युत् शक्ति मंत्रालय और गैर पारंपरिक उर्जा स्रोत मंत्रालय बहुत तेज़ी से इस दिशा में काम कर रहे हैं कि, यह संयंत्र जल्दी से जल्दी लग जाए।

17. ऊर्जा की स्थिति से अपना सरोकार रखते हुए क्या आप अपने प्रभाव का इस्तेमाल करेंगे कि देश सौर ऊर्जा, पवन ऊर्जा तथा ज्वारीय तरंग ऊर्जा जैसे स्रोतों को विकसित करे?

जैसा कि आपने मेरे भाषणों में पाया होगा, मैंने हमेशा 'कार्बन नैनोट्यूब' (सी. एन.टी.) के ज़रिये सौर उर्जा के शोध की हिमायत की है, जिससे सौर उर्जा की दक्षता में सुधार आये। मैं थोरियम के माध्यम से नाभिकीय उर्जा के पक्ष में बात करता रहा हूँ। परिवहन के क्षेत्र में, बायो डीज़ल बनाने के लिये, जट्रोफा पेड़ लगाने की बात मैं लगातार कह रहा हूँ। हमारे वैज्ञानिक इन सभी क्षेत्रों में काम कर रहे हैं।

मेरी तीन, पूर्वोत्तर राज्यों की यात्रा ने मुझे यह विश्वास दिलाया है कि वहां बायो-डाइवर्सिटी, उद्यान व्यवसाय, तैयार खाद्यों तथा परिधान उद्योग की अच्छी संभावना है। मेरी इस बार की यात्रा ने मुझे प्रेरणा-भरा विश्वास दिलाया है कि यहाँ के युवा सफल जीवन के लक्ष्य के प्रति उत्साही हैं। उन्हें बस, विकास की आमूल संकल्पना की ज़रूरत है। साथ ही इस व्यवस्था की भी ज़रूरत है कि उन्हें बाहरी दुनिया से जुड़े रहने के लिये संचार तंत्र और तैयार बुनियादी ढांचा मिले। इससे राज्य तेज़ी से विकास की स्थिति में पहुँच सकेंगे।

परिशिष्ट - II

लक्ष्य अभियान कार्यान्वित करना

राष्ट्रपति पद से मुक्त होने से पहले मैंने अपने भाषण में, संसद को मज़बूत बनाने की एक योजना सामने रखी थी जिनमें मैंने सारे दीर्घकालीन लक्ष्यों का विवरण दिया था। इन लक्ष्यों को सिद्ध करने की ज़िम्मेदारी संसद और सरकार, दोनों को मिल कर निभानी होगी और अवधारणा यह थी कि इस काम में किसी भी राजनीतिक दलगत भेद, विभिन्न मंत्रालयों और विभागों के भेद मिटा देने होंगे। यहाँ तक कि इस काम को निजी तथा सरकारी क्षेत्र साझा कार्यक्रम मानेंगे, और इसे निर्धारित समय-सीमा और संसाधन के भीतर, 'मिशन मोड' यानी लक्ष्य अभियान की तरह पूरा किया जाएगा। मैंने उम्मीद की थी कि इसमें प्रत्येक अभियान को संकल्पना के अनुकूल दूरदर्शी नेतृत्व कुशाग्र सांसदों के द्वारा मिलेगा। इस तरह, सभी सांसद, दलगत भेदभाव से ऊपर उठ कर प्रभावी शासन की ओर कदम बढ़ाएंगे। अपने-अपने अभियान को वह सम्पूर्णता से ग्रहण करेंगे और अपनी जवाबदेही रखेंगे।

लक्ष्य प्रबंधन का संगठनात्मक प्रारूप

लक्ष्य प्रबंधन के अग्रिम दौर में अपनाए जा सकने वाले मॉडल के अनुसार, मैं इसके संगठनात्मक प्रारूप को इस प्रकार देखता हूँ :

- अभियान के लिए चुने गये सांसद अभियान का संचालन करेंगे, और संबंधित प्रशासकीय विभाग के कैबिनेट स्तर के मंत्री, अपने मंत्रालय के दायरे में रहते हुए, इन सांसदों को दिशा-निर्देश देंगे।
- कैबिनेट मंत्री आवश्यकतानुसार वे सभी संसाधन 'अभियान मंत्री' को उपलब्ध कराएंगे और यह अभियान मंत्री संसद के प्रति जवाबदेह होगा और निर्धारित वार्षिक लक्ष्य की प्राप्ति का दायित्व उठाएगा।

कई लक्ष्यों को एक साथ संचालित करने के लिये एक वैचारिक 'मैट्रिक्स' (matrix) तंत्र यहाँ दिखाया जा रहा है जो भारत-2020 की संकल्पना को सिद्ध कर सकेगा।

इसके लिए मंत्रालय या विभागीय बजट का 15 से 25 प्रतिशत अंश विकेन्द्रित कर के लक्ष्य के अनुसार आतंरिक रूप से आबंटित कर देना होगा। प्रत्येक लक्ष्य/अभियान की ज़िम्मेदारी एक सह-सचिव या निदेशक स्तर के अधिकारी (प्रभारी) को सौंपी जाएगी। अभियान मंत्री इस तरह कई प्रभारियों का काम देखेगा, जो विभिन्न लक्ष्यों पर काम कर रहे होंगे। लक्ष्य प्रबंधन दल का प्रत्येक सदस्य प्रशासकीय रूप से उस कैबिनेट स्तर के मंत्री के प्रति जवाबदेह होगा जिसे वह लक्ष्य की ज़िम्मेदारी सौंपी गई है, लेकिन काम के लिये उसकी जवाबदेही अभियान मंत्री के प्रति होगी।

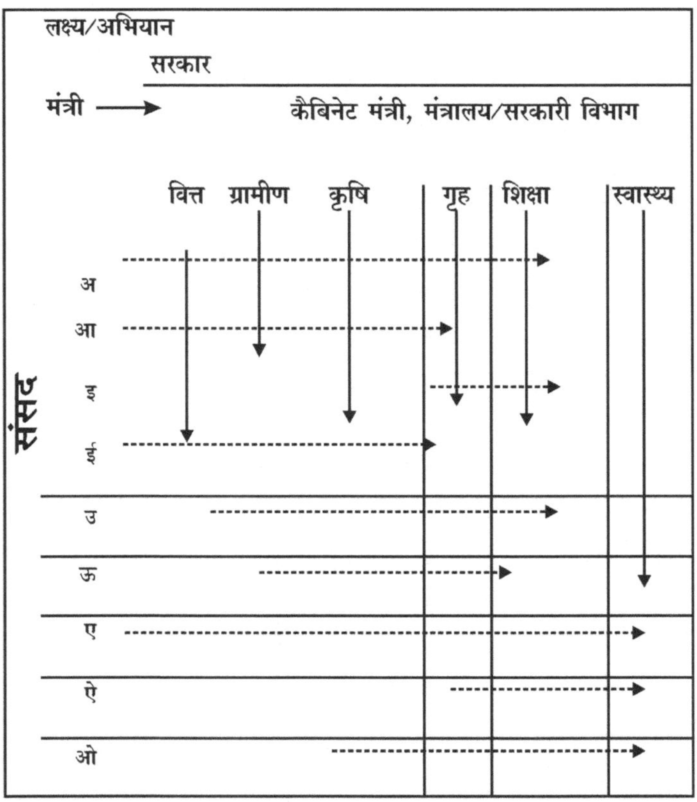

यहाँ देखा जा सकता है कि सांसदों का कार्य-संचालन इस मैट्रिक्स के अनुसार होगा और संगठन और जवाबदेही के दृष्टिकोण से निम्नलिखित सिद्धांतों का पालन करने की आवश्यकता होगी :

1. अभियान मंत्री का दायित्व कोई भी राज्य मंत्री, सांसद, यहाँ तक कि किसी ऐसे दल का प्रतिनिधि भी संभाल सकता है, जो सत्ता में न हो।
2. कैबिनेट मंत्री से अभियान मंत्री के बीच शक्तियों और संसाधनों का प्रवाह ऊपर से नीचे होगा, जैसे–ऊर्ध्वाधर रेखा में दिखाया गया है।
3. प्रत्येक अभियान से संबंधित विभिन्न मंत्रालयों/विभागों की गतिविधि का प्रवाह दाहिने से बाएं, क्षैतिज रेखाओं द्वारा दिखाया गया है।
4. समूचे अभियान के लिये दल का चयन, उसकी कार्यकारी योजना और उसके संसाधन का आबंटन योजना आयोग और प्रत्येक संबंधित मंत्रालय, भारत-2020 के लक्ष्य को ध्यान में रख कर करेंगे।
5. योजना आयोग, संबंधित मंत्रालय, और अभियान योजना दल के सदस्य मिल कर एक विहंगम योजना का प्रारूप तैयार करेंगे, जो भारत-2020 की संकल्पना के अनुरूप होगा।
6. अभियान के लिये संसाधन शुरू से अंत तक की आवश्यकता के अनुसार आबंटित होंगे, और किसी भी अभियान का कार्यकाल संसद तथा सरकार की कार्यावधि से अधिक लंबा हो सकता है।
7. आवश्यकतानुसार ई-प्रबंधन व्यवस्था का उपयोग किया जाएगा।
8. अभियान मंत्री सीधा संसद के प्रति उत्तरदायी होगा।
9. कैबिनेट मंत्री कैबिनेट के प्रति उत्तरदायी होंगे, और कैबिनेट की जवाबदेही संसद के प्रति होगी।
10. भारत-2020 संकल्पना की इस मैट्रिक्स में बड़ी संख्या में अभियान मंत्री अपनी भूमिका निभाएंगे, इसलिए संसद की भूमिका और जवाबदेही भी बढ़ेगी। विशिष्ट अभियानों के लिये अनेक जन-कार्यालयों की संख्या में भी बढ़ोतरी होगी।

~

लोकतांत्रिक व्यवस्था की गतिविधियों के संचालन के लिये लोकतान्त्रिक संस्थानों की भूमिका निस्संदेह बड़ी है। लेकिन, उन्हें केवल विकास के लिये इस्तेमाल किये जाने वाले हथियार नहीं माना जाना चाहिए। उनका सफल प्रयोग दो बातों पर निर्भर करता है; एक—उनसे जुड़े सामाजिक मूल्य और दो—इनमें जनता की भागीदारी कितनी प्रभावी है और इनकी जवाबदेही करने की व्यवस्था कैसी है। अब वह समय आ गया है कि विधिसम्मत बदलाव खोजने की दिशा में राष्ट्रीय विमर्श एक उत्प्रेरक भूमिका अदा करे।

❑❑❑